고(故) 김용균 님께 바칩니다

안전에 관한 세 가지 '통' 이야기

안전통

| 절대 안전의 **3대 원칙**(BTS) |

이영주 지음

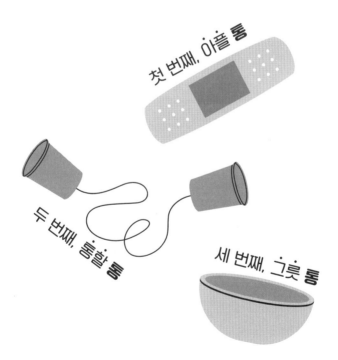

첫 번째, 아플 통

두 번째, 통할 통

세 번째, 그릇 통

좋은땅

〈일러두기〉

1. 넘쳐 나는 책들 가운데 굳이 이 책을 선택해 주심에 진심으로 감사드립니다.

2. 이 책의 모든 내용은 저자 개인의 생각과 의견이며 소속 기관과는 일체 상관 없음을 알려드립니다.

3. 저자만의 글맛을 살려보기 위해 일부 표기와 맞춤법은 저자의 개인적인 스타일 및 부산표준어를 사용하였습니다.

4. 어디서 읽으셔도 상관없지만 독자의 안전을 위해 머리 위쪽으로 뭔가가 매달려 있거나 쌓여 있는 곳은 피해 주실 것을 당부드립니다.

5. 책을 읽으신 후 절대 안전의 3대 원칙(BTS)을 가족과 동료, 지인들께 최대한 많이 퍼뜨려 안전한 대한민국을 만드는 데 함께 동참해 주시기 바랍니다.

추천사

이 책을 읽는 내내 가슴에 와닿아 술술 읽혔습니다.

많은 시민이 이 책을 읽고 시민재해나 산업재해가 줄어들 수 있도록 길라잡이 역할이 되었으면 좋겠습니다.

처음 아들 사고당하고 하늘이 무너지는 고통과 캄캄한 앞날에 모든 게 원망스러웠습니다. 아들 사고의 진상을 규명하기 위해 애쓰며 지나간 시간 속에 뼈저리게 알게 된 진실이 있습니다.

그동안 용균이 사고와 같은 재래형 산재 사망이 무수히 많았고, 앞으로도 누군가가 꼭 겪게 될 일들인 것이 더 큰 충격으로 다가왔습니다. 국민의 생명과 안전에 정부도 기업도 관심 없었다는 것이 총체적 난국의 방증이라 봅니다.

사회 곳곳에 우리 가족처럼 얼마나 많은 사람이 아파하며 살아가고 있는지 여러분들은 생각해 본 적이 있습니까?

그동안 노동자나 시민의 안전을 책임져야 할 힘 있는 자들은 이윤을 위해서라면 사람의 생명까지 해치는 괴물로 변해 버린 듯합니다. 그러므로 대부분의 산재 사망이 피해당사자의 잘못으로 덮였고, 다른 이들에게는 잘 느껴지거나 보이지 않는 고통을 외면하며 피해자 가족들 스스로 견뎌 내도록 방치됐다는 게 국민으로서 너무도 참담했습니다.

하지만, 안전 문화를 국가가 보장해 주지 못한다면 결국은 모든 국민이 분명 피해당사자가 될 것입니다. 그렇기에 내 가족의 안위를 위해서라도 사회의 안전이 우선시되어야만 모두의 안전이 보장될 것입니다.

이 책에 쓰여 있는 〈절대 안전의 3대 원칙〉을 매일 되새기며 생명 안전 사회를 구축하는 데 사회 구성원 모두가 역할을 아끼지 않길 바랍니다.

2024년 6월 11일

김용균재단 김미숙

안전한 하루를 위한 생활밀착형 매뉴얼

지금껏 안전에 관한 수많은 책과 법칙들이 있어 왔는데 왜 저는 이 책을 왜 굳이 써야만 했을까요? 저 멀리 안전 분야의 고전으로 불리는 하인리히의 도미노 이론을 시작으로 저명한 국내외 석학들과 내로라하는 안전 분야 국제기구&글로벌 기업들의 각종 안전 관련 황금 법칙들(Golden Rules)의 홍수 속에서도 안전사고는 끊임없이 발생하고 있지요.

이에 저자는 그동안 어려운 각종 전문 용어와 복잡한 통계 수치 위주의 전문가적 관점을 벗어나 남녀노소 누구나 기억하기 쉬울 뿐만 아니라 실천하기도 쉬운, 진정 한 사람 한 사람을 평생토록 안전하게 지켜 줄 수 있는 그런 책을 언젠가 꼭 한 번 써 보리라는 굳건한 다짐 아래 안전교육 현장에서 오랫동안 고심해 오던 차에 강렬한 계기로 말미암아 마침내 이 책을 쓰게 되었습니다.

그 계기는 다름 아닌 2018년 12월 태안화력발전소 하도급 업체에서 일하던 고(故) 김용균 씨의 사망사고였습니다. 이전까지 주로 이주노동자와 특성화고 학생들을 비롯한 취약계층 대상의 안전교육과 연구를 해 온 저는 이 사고를 마주하며 깊은 고민에 빠졌습니다.

어떻게 하면 전 국민이 모두 다치지 않고 일할 수 있는 안전한 나라를 만드는 데 조금이라도 이바지할 수 있을지를 고민한 끝에 딱 세 가지만 지키면 평생 안전할 수 있을 거란 확신이 들었습니다.

그리하여 2019년부터 고향인 부산을 중심으로 부·울·경 지역에서 그동안의 현장 경험을 저만의 스타일로 집대성한 '절대 안전의 3대 원칙'을 창안하여 안전교육에 접목, 현장에서 실험해 보았습니다. 그리고 저자의 게으름에 기반한, 5년이 넘게 걸린 느리디느린 작업 끝에 마침내 2024년 5월에 초안을 완성하게 되었습니다.

사실 그다지 이름도 없는 한낱 지방의 소생이 쓰는 책이니 세상의 큰 관심을 끌기도 힘들 테지요. 다만 진심으로 바라건대 우리나라 전 국민이, 아니 모든 세계인이 이 책을 읽고 '절대 안전의 3대 원칙'을 대한민국의 자랑스러운 K-pop 스타인 싸이의 〈강남스타일〉이나 BTS의 〈다이너마이트〉를 즐겁게 따라 부르고 추었듯 그렇게 재밌게 라임을 맞춰 가며 위험한 순간마다 서로서로 외치며 각성시켜 주기를 바랄 뿐입니다.

그리하여, 아침에 출근했다가 영원히 가족의 품으로 돌아오지 못하는, 전 세계에서 매일 발생하는 약 1천 명의 사망자 가운데 단 한 명이라도 줄이는 데 이바지할 수 있다면 더없이 기쁘고 행복할 겁니다. 저자가 안전교육 현장에서 만났던 수많은 사람-티 없이 맑고 밝은 특성화고 학생들로부터 장년·여성·이주노동자들에 이르기까지 소위 취약계층이라고 불리는 모든 분-에게 강의의 마지막에 언제나 함께 외쳐보자고 했던 문구는 바로 이겁니다.

"가족과 함께하는 행복한 저녁"

단언컨대, 이보다 더 안전의 이유를 오롯이 담아내는 문구가 있을까 싶습니다.

진심으로, 전 국민의 안전한 하루하루를 바라며….

나의 진심이

모든 분에게

안전한 하루로 피어나기를

2024년 7월

낭만 도시 부산에서

이영주 드림

차례

1장 ———

첫 번째 안전통: 아플 통(痛) · 15

첫 번째 안전통:
아플 통(痛)

아픈 사람이 너무 많다…

지긋지긋한 그놈의 안전불감증 타령

여러분 중에 혹시 '안전불감증'이란 말을 처음 들어 보는 분 계시나요? 아마 없으실 겁니다. 암요. 대한민국 국민이라면 살아가는 동안 적어도 한 번쯤은 들어 보셨을 겁니다. 다른 불감증 시리즈들도 많겠지만 이 안전불감증은 사람 목숨과 직결되는 문제라 저는 감히 이 녀석을 불감증계의 끝판 대장이라 부릅니다.

게임이나 영화에서는 보통 끝판 대장을 최종 보스라고도 부르지요. 다들 잘 아시겠지만, 끝판 대장은 쉽사리 죽지 않습니다. 그래서 끝판 대장을 이기려면 고도의 전략과 수련, 그리고 강력한 콤보와 필살기가 필요합니다.

그래서인지 게임뿐만 아니라 현실 속에서도 이 안전불감증은 쉽게 사라지지 않고 지독하게도 우리 사회 속에서 각종 대형 사고의 끝판을 지키고 있습니다. 언제나 큰 사고를 보도하는 뉴스에서 전문가들은 우리 사회의 안전불감증을 원인으로 꼽고 있습니다.

그런데 말입니다. 왜 우리는 이토록 오랫동안 안전불감증에서 벗어나지 못하고 있을까요? 그 근본적인 원인은 도대체 뭘까요? 수많은 의견이 있겠지만 저는 그 이유를 사회 전반적인 '① **부실한 안전교육**에 기인한 ② **낮은 수준의 안전 의식**, 그리고 그 최종 결과물인 ③ **안전 문화의 부재**'라고 봅니다.

최근 들어서야 유치원이나 초등학교에서 소방이나 재난 관련 안전 체험관 등이 생겨났지만, 혹시 독자 여러분 중에 어릴 때부터 안전한 행동 수칙과 대피 요령, 각종 보호구 착용, 소화기 사용법, 재난 시 대피 방법 등을 모두 익혀서 어떤 위험한 상황이 내 주위에서 발생하더라도 신속히 대처할 수 있는 분이 몇 명이나 될까요? 아마 직업이 소방관이거나 응급 구조요원 정도를 제외하면 정말 거의 없을 거라고 예상됩니다.

안전불감증을 해소하기 위해서는 가수 윤종신 님의 노래 제목처럼 위험을 '본능적으로' 느낄 수 있는, 소위 '불안전 직감' 능력을 전 국민이 갖출 수 있도록 어릴 때부터 체계적인 교육이 필요합니다. 그런데 우리나라가 전무후무한 초고속 경제 성장을 이루어 낸 '속도와 규모' 중심의 발전을 추진해 오다 보니 필수적으로 수반되는 '안전'은 늘 뒷전이 될 수밖에 없었던 것이지요.

특히나 전 세계인이 알고 있는 우리나라의 '빨리빨리' 문화는 그야말로 우리가 추구해야 할 가치인 안전과는 정반대의 대척점에 있는 것이기에 어쩌면 높은 재해율은 당연한 결과일 수밖에 없는 겁니다.

안전한 노동을 위해서는 꼼꼼한 사전 준비와 중간 점검, 위험 요소에 대한 조치와 보완, 그리고 예방 대책 등이 필요한데 이 모든 과정에는 '천천히' 시간을 들이는 과정이 수반되므로 이런 상반되는 가치의 공존은 애당초 불가능한 것이지요.

좋습니다. 지금까지는 그래 왔다고 인정하자고요. 하지만 이제는 전 세계로부터 인정받을 만큼 충분한 경제 성장을 이루었으니, 지금부터라도 소위 '양'보다는 '질'을 추구해야 합니다.

유아기부터 '안전'의 중요성을 제대로 인식시켜 주고, 체험과 실습 위주의 안전교육 과정을 체계적으로 초·중고

교과과정에 포함해 생애 전 주기에 걸쳐 전 국민이 온몸으로 '체득'할 수 있도록 해 주면 투철한 '안전 의식' 가득한 시민이 많아질 것이고, 그 결과로 당연하게도 사회 전반적으로 너무나 멋진 '안전 문화'가 봄날의 벚꽃마냥 활짝 꽃피우게 될 것입니다.

이러한 선순환 구조가 제대로 만들어진다면, 전 국민이 '불안전 직감' 능력을 장착한 멋진 대한민국이 아니 될 수 없지 않겠습니까?

언제까지 벌금을 높이고, 사업주를 처벌하고, 위험을 외주화하고, 저임금과 차별, 보호구값을 아껴 사람 목숨을 앗아 가는 편법과 불법, 꼼수로 안전을 외면하면서 선진국의 안전 수준을 부러워해야 합니까?

'안전불감증'을 떨쳐 버리는 원천적 방법은 양질의 안전 교육으로부터 시작해 탄탄한 안전 의식을 배양하여 모든 국민이 함께 공유하는 안전 문화로 마무리되어야만 가능할 수 있습니다.

이러한 근원적 변화가 없이는 우리의 안전 수준은 시간이 흘러도 지금의 '안전불감증'의 마수에서 벗어나기 힘들 거라 봅니다.

교육부와 행정안전부, 그리고 고용노동부 등 안전 관련 주요 정부 부처와 공공기관을 중심으로 안전한 국가로의 대전환을 위해 지금부터라도 '맛있는 국'이 아닌 '안전한 국(國)' 프로젝트를 함께 추진해 나가 보시지요. 그 길의 끝에 안전한국(安全韓國)이 떡하니 멋지게 우리를 기다리고 있습니다.

사람 목숨값보다 비싼 것들이 너무 많다

지금 우리가 살고 있는 이 시대는 역사상 가장 풍요롭지요. 돈만 있으면 원하는 거의 모든 욕망을 성취할 수 있습니다. 먹고 싶은 것, 가고 싶은 곳, 그리고 갖고 싶은 것까지도 말이죠.

드라마나 영화에 보면 큰형님을 대신해서 돈을 받고 대신 죄를 뒤집어쓰거나 감옥에 다녀오는 장면이 자주 나옵니다. 죄를 지은 사람이 거금을 주며 뒤를 봐 주겠다거나 경제적으로 힘들게 살아가는 가족에게 돈을 대어 줄 테니 자기 대신 감옥살이를 해 달라는 식으로 말이죠.

익히 알려진 영국 출신의 유명 배우 올란도 블룸 말고 미국의 하워드 블룸 교수는 이 시대를 '야수 자본주의'라 명명하고 있는데요. 중앙대 김누리 교수님께서 강의를 통해 자주 사용하시는 표현이기도 합니다.

그동안 꽤 괜찮은 체제인 줄로만 알았던 자본주의가 이제는 너무 비대해져서 마치 무서운 '야수'처럼 우리를 역으로 위협하고 있다는 의미지요. 우리가 원래 내면에 갖고 있던 인간적인 면모들을 점점 더 잃어 가고 있는 와중에, 돈이면 뭐든 다 할 수 있다는 생각이 점점 우리 모두를 지배해 나가고 있습니다.

이렇게 된 배후에 바로 자본주의가 뼛속까지 잠식해 버린 이 시대의 흐름이 자리 잡고 있습니다. 유독 우리나라 산업 현장에서는 이러한 야수 자본주의가 '야수' 수준을 넘어 극강의 힘을 지닌 거대한 '괴물'로까지 성장해 버린 느낌입니다.

이 괴물은 심지어 사람의 목숨까지도 돈이면 해결할 수 있을 정도로 비대해져서 사람 한 명당 얼마의 비용이 든다는 경제학적인 개념으로 생명을 치부하기까지 합니다.

기업의 엄청난 수익 창출의 과정에서 노동자 한 명의 사망으로 인해 발생하는 벌금과 작업 중지 등 일련의 손실은 감당할 수 있을 만큼의 '비용'으로만 치부되기 쉽습니다.

그런데 말입니다. 제아무리 부자라도 절대로 살 수 없는 것이 있으니 바로 '시간'입니다. 어벤져스로 유명한 마블 영화의 고학력(박사) 마법사 닥터 스트레인지가 갖고 있는, 시간을 마음대로 다룰 수 있는 타임 스톤이 현실 속에선 없으니까요.

제아무리 부자라도 이미 벌어진 사고 한 건, 목숨을 잃은 사람 단 한 명조차 다시 되돌릴 순 없습니다. 경제학자들은 사람 목숨값도 계산합니다. 산업 현장에서 한 명이 사망할 때 얼마만큼의 손실 비용이 발생하는지를 따져 보는 것이지요.

하지만 이미 벌어진 사고와 돌아오지 못하는 사람을 계산의 범주에 가둬 둘 순 없습니다. 저마다의 사연을 담고 있는 한 사람의 무게를 어찌 감히 돈으로 환산하겠습니까.

그래서인지 영국을 비롯한 선진국에서는 단 한 건의 사망재해에 대한 벌금과 처벌이 어마어마합니다. 원천적으로 사고는 발생해서는 안 되는 것으로 인식하고 있기 때문이지요. 바로 앞서 말씀드린 '안전 문화'가 그야말로 제대로 작동하는 사회가 된 겁니다.

극대화된 이윤 추구가 아무리 목표라고 하더라도 사람 목숨값보다는 후순위가 되어야겠습니다.

느그 자식 같으면 그랬겠나?

자, 상상의 나래를 한번 펼쳐보겠습니다. 만약 2014년 세월호에 탑승했던 단원고 선생님들과 학생들의 신분이 일반인들이 아니라, 대통령과 고위 공무원단, 국회의원 300명, 혹은 한국 10대 재벌 총수나 본인들의 자녀들이었다면 사건 보고 체계나 구조 체계가 조금은 다르지 않았을까 하는.

상상의 나래 속 높은 분들께서는 무척이나 불쾌해할 수도 있겠지만 적어도 제 생각에는 국가 차원에서 가능한 모든 수단과 방법이 총동원되어 최대한 많은 사람이 구조될 수 있지 않았을까 하는-어쩌면 전원 구조라는 세계사에 길이 남을 기적적인 뉴스를 접할 수 있었을지도?- 상상을 해봅니다.

사회적 신분과 지위와 경제력은 위험과 안전에서도 다

분히 위계적이었기 때문이죠. 놀랍게도, 전 세계적으로 유명한 독일의 사회학자 고(故) 울리히 벡(Ulich Beck) 교수님이 그의 세계적인 저서『위험사회』에서 언급한 바와 같이 어느 곳에 살더라도, 어떤 일을 하더라도, 몇 살이라도, 어느 성별이라도 차별 없이 '민주적'으로 공평하게 모두를 거의 비슷한 수준의 위험에 빠뜨린 코로나19 바이러스와는 달리 산업재해는 여전히 극도로 차별적이고 선택적으로 취약계층에 유별스럽게 찾아옵니다.

지금, 이 순간, 문득 지난 2021년 4월 평택항에서 아르바이트 중에 사망한 청년 노동자 故 이선호 씨의 아버지 이재훈 님의 말씀이 떠오릅니다.

> "대한민국 사람들 다 아셔야 됩니다. 내 새끼가 10만
> 원 벌러 나갔다가 죽어서 돌아올 수 있다는 거."

그저 가슴이 미어질 따름입니다. 그 당시 세월호 사고의 책임과 관련된 모든 어른께 묻습니다. 당신 자식이었어도 그렇게 '구조 명령' 운운하면서 침몰하는 배 안의 아이들을 그저 그렇게 바라만 봤을 거냐고 말입니다.

자아실현의 욕구는 개뿔,
2단계도 안 되는데 5단계가 되겠냐고!

인기 가수 아이유의 노래 중 한 곡의 제목이기도 하고, 또 아이들과 함께 차박 가서 불멍 때리며 살짝 구워 먹으면 너무 맛있는 마시멜로와 상당히 비슷한 이름을 가진 미국의 철학자이자 심리학자 매슬로우(Abraham Maslow, 1908~1970)는 1943년에 '욕구 5단계설'을 주장했었습니다.

이것은 인간의 욕구에는 순차적인 단계가 있다는 것으로, 하위 단계의 욕구가 충족되어야만 다음 단계의 욕구에 대한 동기 부여가 된다는 흥미로운 이론입니다. 그림으로 한번 살펴보실까요?

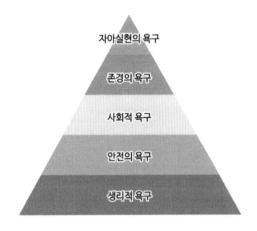

〈매슬로우의 욕구 단계설〉

자아실현의 욕구

존경의 욕구

사회적 욕구

안전의 욕구

생리적 욕구

　욕구 단계설의 1단계는 바로 생리적 욕구입니다. 흔히 말하는 의·식·주로 일컬어지는, 소위 생존에 직결되는 것들입니다. 이러한 일차적 욕구가 충족된 직후에 필요한 것이 바로 2단계인 '안전의 욕구'랍니다. 신체적, 정신적 안전이 인간의 동기 부여에 있어 그만큼 중요한 요소인 것을 보여 주는 것이지요.

　바로 이 '안전'이 확보되어야만 비로소 3~5단계에 자리 잡은 더욱 고차원적인 욕구인 '소속감과 애정, 존경, 자아실현' 등 그야말로 '인간다운' 욕구들이 동기 부여 요인으로 작용할 수 있다는 의미입니다.

그런데 말입니다. 엄청난 과학 기술의 향연 속에 우리가 살고 있는 무려 21세기임에도 불구하고 적어도 우리나라에서는 이 '안전의 욕구'가 제대로 충족되지 못하고 있는 듯합니다.

왜냐고요? 4차 산업혁명, 가상현실, ChatGPT, AI 등 온갖 현란한 용어들이 난무해서 이제는 시티폰이나 삐삐 등 과거의 기기들은 듣고 보는 것조차 힘들어야 당연한 이 시기에, 안전 분야에서는 이 최첨단의 장비들과 기기들이 즐비한 시점에도 여전히 아주 옛날에나 존재했을 것 같은 말도 안 되는 재해가 아직도 발생하고 있기 때문입니다.

산업 현장에서 가장 많이 발생하는 3대 재해 유형인 '떨어짐·넘어짐·끼임'을 통틀어 '재래형 재해'라 일컫는데요. 엄청난 기술 발전과 경제 성장에도 불구하고 아직도 이 세 가지 유형의 재래형 재해가 여전히 연간 발생하는 전체 산업 재해의 50% 이상을 차지하고 있습니다.

2018년 12월 태안화력발전소(故 김용균 님), 2021년 4월 평택항(故 이선호 님), 2022년 3월 동국제강(故 이동우 님) 등등 헤아릴 수 없이 많은 사고가 바로 안전 수칙과 장비만 제대로 갖춰져도 발생하지 않는, 소위 '후진국형 재해'라는 부끄러운 별명이 붙은 이런 '재래형 재해'의 유형으로 매년 발생합니다.

되새겨 볼 만한 점은 1단계의 가장 기본적 욕구 바로 다음에 자리 잡은 이 중요한 '안전의 욕구'조차 충족되지 못하는 사회에서 '소속감과 애정, 존경, 자아실현' 같은 고차원적인 다음 단계들의 욕구는 감히 신경 쓸 겨를조차 없다는 점입니다.

이 시점에서 2017년 7월 4일에 서울 강남구 삼성동 코엑스에서 열린 〈세바시〉 현장에서 우연히 처음 만나 뵈었던

〈이국종 교수님 세바시 강의(2017.7.4.)〉

존경하는 이국종 교수님(현 국군 대전병원장)의 강연 제목이었던 '세상은 만만하지 않습니다'에서 강의 중간중간에 반복해서 말씀하셨던 "이게 나라냐?"라는 말씀이 여전히 귓가를 맴도는 이유는 뭘까요?

국가는 가장 먼저 국민의 민생고 해결을 위해 최선을 다해야겠지만, 생존이 충족된 다음에는 다른 무엇보다 국민의 '안전'을 보장해 주고 책임져 주어야 합니다. 세월호 사고와 이태원 사고는 너무나도 중요한 '안전의 욕구'에 대한 경각심을 다시 한번 일깨워 준 숙연한 계기가 되었습니다.

이제부터라도 우리 사회는 이토록 중요한 '안전'에 대해 기초부터 꼼꼼히 다시 살피고 부실한 부분을 보완하여 튼튼한 기반 시설을 구축해야 할 것입니다.

'안전'이라는 단단한 토대가 갖추어진 상태가 되어야만 비로소 국가에 대한 자긍심과 소속감, 애정이 자연스레 생길 것이고, 그 이후에야 서로에 대한 존경을 바탕으로 이타적인 자아실현이 가능한 시민이 성장할 수 있기 때문입니다.

조금 많이 궁서체였는데요. '안전'이 이토록 중요하다는

간절한 메시지였습니다. 아울러, 앞서 언급한 모든 고인의
명복과 유가족분들께 다시 한번 힘내시라는 말씀 진심으
로 전해 드리고 싶습니다.

쓰디쓰고 쓰디쓴 외주화

어릴 적 오락실에서 동전 하나 넣고 하루 종일 게임을 하기 위해, 또는 대전 게임에서 상대방을 이기기 위해 어둠의 꼼수, 시쳇말로 얍삽이나 짤짤이를 쓰다가 친구와 싸움이 나거나 형들한테 혼이 난 경험이 있는 분들 꽤 있으실 겁니다.

마찬가지로 야수 자본주의 체제에서도 이윤 극대화를 위해 다양한 방식의 이런 '얍삽한' 방법들, 소위 꼼수를 구사하는데요. 자본과 규모를 갖춘 큰 회사에서 위험하거나 더럽거나 하기 힘든 일만 '똑' 떼서 영세한 업체에 '슥' 떠넘기는 것을 '외주'라고 합니다.

그런데 점점 위험한 일들에 대한 기피와 책임 문제가 커지면서 특히 주목받게 된 것이 바로 '위험의 외주화'입니다.

문제는 어떤 일을 외주화하는 과정에서 그 일을 시킨 업체-'갑질하다' 할 때의 그 '갑' 회사 또는 원래 일을 맡은 회사라고 해서 '원청'이라고도 합니다.-가 일체의 책임을 지지 않고 위험까지 얹어서 통째로 일을 떠넘긴 업체-'을' 회사 또는 일을 하달받은 회사라고 해서 '하도급 업체'라고도 합니다.-에 전가하는 점입니다.

　예전에는 일을 떠넘겨 받은 하도급 업체에서 사고가 발생하면 온전히 해당 업체에서 모든 책임을 지는 것이 다반사였는데, 사실 영세하고 조직적이지 못한 하도급 업체에서 앞서 말씀드린 '안전의 욕구'가 충족될 가능성은 더더욱 낮을 수밖에 없는 것이 현실입니다.

　그렇게 취약한 오징어 모양의 욕구 2단계 모형인 채로 사고 위험이 큰 '위험'을 하청받아 처리하다 보니 당연히 사고 발생률은 더더욱 높아집니다.

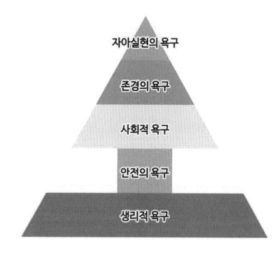

〈취약한 안전 욕구(2단계)-오징어 모형〉

자아실현의 욕구

존경의 욕구

사회적 욕구

안전의 욕구

생리적 욕구

이렇게 취약한 하도급의 2단계 안전의 욕구에서 손상된 부분, 다시 말해 안전 '필요'분을 다음 블록 모형과 같이 대기업이나 원청에서 좌우로 메꿔 준다면 하도급 업체의 욕구 단계 모형이 튼튼한 삼각형으로 변신하게 되겠죠?

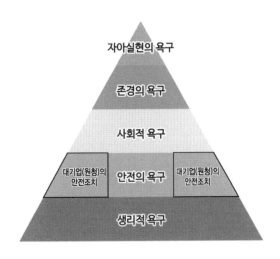

〈보완된 안전 욕구(2단계) 모형〉

자아실현의 욕구

존경의 욕구

사회적 욕구

대기업(원청)의 안전조치 | 안전의 욕구 | 대기업(원청)의 안전조치

생리적 욕구

바로 이런 취지로 만들어진 것이 산업안전보건법과 중대재해처벌법이 아닐지 싶네요. 상식의 최소한이 법이지만 그 법을 지키는 것은 사람이며, 모든 노동자의 생명을 진심으로 소중하게 여긴다면 이러한 법에 앞서 다양한 설비와 장비, 안전조치가 마련되고 필요한 보호구가 지급되어 자연스럽게 최소한의 안전이 보장된 성숙한 안전 문화가 넘치는 사업장이 될 것이라 희망해 봅니다.

내가 누군 줄 알아?[×] 네가 누군 줄 알아[○]

코로나바이러스와 마찬가지로 (산업)재해 앞에선 모두가 평등합니다. 『위험사회』의 저자 울리히 벡 교수님은 "빈곤은 위계적이지만 스모그는 민주적이다."라는 말로 위험사회에서 살아가는 한 그 누구도 위험에서 벗어날 수 없음을 강조한 바 있지요.

이와 관련하여 우리나라 드라마의 갑질 장면에서 지겹도록 등장하는 "내가 누군 줄 알아?"라는 명대사가 있습니다. 솔직히 별로 알 필요 없고 알고 싶지도 않은데 주로 정·재계 고위급 신분을 자랑하며 부자이기까지 한 얄밉디얄미운 악당이 돈&빽 없는 불쌍한 주인공을 업신여기며 언제나 내뱉어 대는 단골 대사이기도 합니다.

그런데 다행인지 모르겠지만 위험은 마치 〈범죄도시〉 시리즈의 마석도 형사와도 같은 존재라 내가 누구건 상관

없이 나를 한 방에 보내 버릴 수 있습니다. 위험(재해) 앞에서는 나이도, 성별도, 국적도, 사회적 지위도, 경제력도 아무 소용이 없습니다. 그저 너무나도 미약한 힘을 가진 한낱 가소로운 존재일 뿐이지요.

갑질(안전불감증)을 부리면 부릴수록 더욱 강력한 악당이 되는 것이 바로 위험입니다. 그래서 "내가 누군 줄 알아?" 하는 건방진 자세가 아닌 "(난) 네가 누군 줄 알아. 그러니 알아서 조심할게."라는 겸손하디겸손한 자세로 위험을 대해야 그나마 위험의 굴레에서 벗어날 수 있음을 명심해야 할 것입니다.

이 시점에서 상대방을 가리지 않고 무참히 해치우던, 딱 '위험'의 인간화 같던 〈범죄도시〉 1탄의 악당 장첸의 대사가 생각나네요. "(내가 바로 무서운 '위험'인데 네가 누군지) 그런 것까지 알아야 되니?"

그런데 말입니다. 위험은 장첸보다 훨씬 더 무섭습니다. 그러니 다시 한번, 앞으론 항상 위험 앞에서 "네가 누군지 알아."의 겸손한 자세로 살아갈 것을 다 함께 굳게 다짐해 보면서 두 번째 '통'으로 모시겠습니다.

2장

두 번째 안전통:
통할 통[通]

왜 안 통할까…

안전이 '안' 전해지는 이유?

다들 그렇게 얘기합니다. "그래, 안전이 정말 중요하지." 라고. 하지만 정말 그럴까요? 유통 과정이 길면 제품이 상해 버리거나 손상되기 쉽습니다. 그래서 요즘은 직거래를 많이 하지요.

마찬가지로, 일선 현장에서 일하지 않는 사람들은 내 생명에 직접 관련되지 않는 타인의 안전에 둔감할 수밖에 없습니다. 무슨 얘기냐고요? 그동안 안전이 '안(not)' 전해졌던 이유 중의 하나가 소위 '그들만의 리그'로 인식되어 온 이유 때문이기도 하다는 말씀을 드리려는 겁니다.

예를 들면, 사업장에서의 안전은 안전 담당 부서와 담당자의 소관이고 다른 사람들은 그저 관리의 대상이 될 뿐, 자신의 안전에 대해서는 크게 신경 쓰지 않고 심지어 작업 속도와 편의성을 우선시하다 보니 자연스럽게 좀 후순위로 미루어도 크게 상관없다는 의식이 구성원들의 마음속에 자리 잡고 있다는 얘기지요.

학교에서도 안전은 담당 부서와 담당 교사 등 책임이 있다고 암묵적으로 모두가 떠올리는 '그' 사람들의 일로만 치부되고, 공공기관에서도 마찬가지로 담당 부서와 담당자들만의 업무로만 치부되어 온 것이 현실이 아닐지 합니다.

그런데 말입니다. '안전'은 마치 그 유명한 나비효과와도 같은 것이어서 타인의 사소한 행동이나 작은 설비의 결함 하나가 엄청난 사고로 이어지는 경우가 대부분입니다.

예를 들어 샤워실이나 사우나에서 누군가 비누칠을 하고 바닥의 비눗기를 제대로 씻어 내지 않고 그냥 가 버리면 미끄러운 그곳을 지나가는 누군가는 미끄러짐 재해를 당할 수 있는 거고요. 폭우로 갑자기 물이 불어난 다리를 발견했는데 나만 아슬아슬하게 지나간 다음에 신고하지 않고 그냥 가 버리면 다음 누군가는 차와 함께 수장되는 끔찍한 사고를 겪을 수밖에 없지요.

국민적 아픔을 안긴 10년 전 세월호 사고도 선장이 혼자 탈출하지 않고 아이들을 구하겠다는 결연한 마음으로 위험을 신속히 알리고 조치를 취했다면 이토록 오랜 아픔을 겪지는 않았을 수 있었을 겁니다.

반면에, 본인의 생명조차 위험한 급박한 상황 속에서도 한 명이라도 더 구하려던 현장 어느 선생님의 간절한 마음이 오롯이 전해졌기에 몇 명의 목숨을 더 구할 수 있었던 겁니다.

안전은 결코 다른 누군가의 일이 아닙니다. 나와 우리 가족, 그리고 사회 구성원 모두의 소중한 생명이 달린 고귀한 가치입니다. 그러므로 사회 모든 구성원에게 공유되고, 또 통해야 하는 가치입니다.

이봐, 해 봤어?

이 말은 현대그룹 창업자이신 존경하는 고(故) 정주영 회장님이 즐겨 쓰시던 말씀이라고 합니다.

저는 이 마음가짐이 안전에 있어서 매우 중요한 의미를 갖는다고 생각하는데요. 바로 실천하는 안전 문화를 위해 지금 이 순간 우리에게 꼭 필요한 마음가짐이기 때문입니다.

제가 지속해서 말씀드리고 있는 내용인데, 무언가가 소위 '문화'로 자리 잡기까지는 상당한 시간과 구성원들의 의식 변화가 필요한데도, 시도해 보기도 전에 "에이, 그건 안 돼.", "그게 되겠어?"라는 태도로는 변화를 위한 시작조차 힘들기 때문입니다.

어떤 일이든지 처음엔 힘들겠지만, 그 작은 시도로부터 큰 변화가 시작되지요. 2002년 이전에 우리에게 월드컵 4

강은 꿈에서나 이룰 법한 성적이었지만 명장 히딩크 감독님의 지도와 훈련 아래, 우리는 결국 그 꿈의 성적을 현실로 달성해 내고야 말았지요.

저는 이런 맥락에서 반도체와 가전제품 등에서 엄청난 발전을 이룩한 우리나라가 이제는 더욱 고차원적 과제인 안전 분야에서도 우리의 영원한 숙적인 '일본'을 목표로 이겨 봤으면 좋겠다는 생각을 해 봅니다.

축구만 이기려고 할 게 아니라, 여러 다른 분야에서도 선진국의 반열에 올라가고 있는 추진력을 발휘해서 이제는 적어도 아시아에서 안전한 국가 하면 자연스레 떠오르는 대한민국이 될 수 있기를 진심으로 바라봅니다.

우리나라 문화 가운데 몇 가지를 살펴보면 안전 문화도 충분히 발전할 수 있다고 봅니다. 우리나라를 방문한 외국인들이 놀라워하는 몇 가지 예를 들어 보자면 공공장소에서 스마트폰이나 노트북, 가방 같은 개인 물품을 깜박하고 어딘가에 두고 자리를 비웠을 때, 우리나라에선 함부로 손대지 않기 때문에 다시 그 물건을 찾으러 갔을 때 온전히 그 자리에 있는 경우가 많지요.

여기에는 남의 눈을 의식하는 국민 정서와 곳곳에 설치

된 CCTV의 영향도 큽니다. 또한 비교 불가한 빠른 행정서비스도 외국인들이 놀라워하는데, 이러한 속도가 현장에서의 안전에도 적용된다면 작업을 시작할 때 안전 장비와 보호구 정도는 세계 어느 나라보다도 잘&신속히 준비해 놓을 수 있을 거란 생각이 듭니다.

이런 우수한 문화가 안전 분야에도 전파된다면 불안전한 위험 요소는 언제 그랬냐는 듯 눈 녹듯이 사라지고 안전 선진국에서 온 외국인들마저 놀랄 만큼 안전한 국가로 자리매김할 것이라 믿어 의심치 않습니다.

그러니 겁먹지 말고 우리 한번 같이 해 보자고요. 저기 하늘나라에서 고(故) 정주영 회장님께서도 열렬히 응원해 주실 겁니다. 암요. 우리가 어떤 민족입니까? 우리는 충분히 할 수 있습니다. 자, 의심하지 말고 일단 한번 해 보자고요!

돼지고기, 목사님, 그리고 척추 디스크

국민 음식 삼겹살, 다들 좋아하시죠? 그렇다면 당연히 삼겹살 감칠맛의 핵심 요소인 '비계'도 잘 아실 겁니다. 풍미를 더해 주는 이 비계가 적절한 돼지고기를 넣은 김치찌개는 정말 기가 막힌 한국인의 대표 소울푸드 가운데 하나임을 부인할 수 없지요.

그런데 여기 다른 비계가 있습니다. 건설 현장에서 높은 곳에서 공사를 할 수 있도록 임시로 설치해서 발판과 통로의 역할을 하는 시설물의 이름도 '비계'입니다. 뉴스에서 한 번쯤은 들어 보신 분들도 있겠지만 살짝 생소하시죠?

다음으로 교회의 목사님들, 사찰의 스님들을 비롯한 각종 종교인은 믿고 있는 종교를 널리 중생에게 전파하는 '전도'를 열심히 하시는데요. 안전 분야에서는 걸려서 넘어지거나 미끄러져 넘어지는 재해를 또 같은 말인 '전도'라고 합니다. 좀 어려운 한자어라 요즘은 '넘어짐'이라는 우리말을 쓰고 있지요.

마지막으로 현대인들에게 많이 일어나는 척추 디스크 질환을 '협착'이라고 하는데요. 안전 분야에서는 물체나 기계 사이, 혹은 좁은 틈새 같은 곳에 끼이는 사고를 '협착'이라고 합니다. 지금은 '끼임' 재해라고 부르지요.

제가 왜 이런 얘기를 하느냐 하면, 앞서 말씀드렸듯이 여태껏 안전이 '안(not)' 전해졌던 이유 중의 하나가 비단 어려운 한자어로 되어 있다는 일차적인 이유를 넘어 용어만 다를 뿐, 알고 보면 전문 건설 현장이나 일상 공간이 별반 다를 바 없기 때문입니다.

사실 산업 현장이든 집에서든 어디서나 개개인 모두가 자신의 안전을 위해 자발적으로 주의하고 보호구도 챙기고 안전한 행동을 해야 전체적인 맥락에서의 안전을 확보할 수 있습니다.

다시 말해 특정인만의 책임이 아닌, 다 함께 참여하고 공유하는 안전이 되어야 한다는 얘깁니다. 왜냐하면 비계나 전도나 협착이 건설 현장이나 작업장에서뿐만 아니라 우리의 일상생활 속에서도 형태만 다를 뿐 유사하게 발생할 수 있는 유형의 재해이기 때문입니다. 한번 비교하면서 살펴볼까요?

집이나 사무실에서 전등을 교체하거나 벽시계 배터리를 교환하기 위해 밟고 올라서는 의자나 회전의자가 바로 그 '비계'와 같은 역할을 하는 거고, 또 그만큼 위험한 거고요. 오일류나 화학물질처럼 '넘어짐' 재해를 유발할 수 있는 게 바로 가정에서 사용하는 참기름이나 주방 및 욕실 세제가 되는 겁니다.

또 끼임 재해를 유발하는 것이 엄청나게 크고 위험한 기계뿐만 아니라 바로 우리 집의 찬장 문이나 화장실 문, 창문 등으로 인해 발생하는 것이란 말씀입니다.

결국 '비계'와 '전도'와 '협착'이 산업 현장에서만 발생하는, 나에게는 일어날 수 없는 다른 누군가의 일이 아니라 우리 일상생활 속에서 언제 어디서나 누구에게나 일어날 수 있는, 형태만 다른 위험이라는 뜻이기도 합니다.

바로 이렇게, 달라 보이지만 같은 본질임을 인식하는 것이 모두의 안전을 위한 출발점이 되고 마침내 우리 모두를 지켜 주는 '수호천사'가 되어 줄 안전 문화로 꽃피울 수 있을 것입니다.

독일 축구의 비결

4년마다 지구촌을 뜨겁게 달구는 세계 3대 스포츠 가운데 하나인 월드컵 시즌이 되면 다들 한일전을 기대하며 잠 못 드는 축구의 밤을 보내시는 분들 많으실 겁니다.

다음 월드컵은 2026년 2월에 사상 최초로 3개국이 공동 개최하는 대회로 미국, 캐나다, 멕시코의 16개 도시에서 열린다고 하는데요. 여러분은 다음 대회에서 어느 나라가 우승할 것으로 예상하시나요?

역대 월드컵 우승국과 우승 횟수를 분석해 보면 역대 월드컵 최다 우승 국가는 브라질로 무려 5번이나 우승을 차지했고, 그 뒤를 이어 이탈리아가 4번, 독일은 3번(서독 기록 포함), 우루과이와 아르헨티나가 2번, 잉글랜드와 프랑스가 1번씩 우승을 기록했다고 합니다.

그런데 말입니다. 우승 횟수와 피파 순위도 랭킹이 분명히 있지만 막상 월드컵이 시작되면 그 어느 나라도 전차 군단 '독일'을 쉽게 이기지는 못합니다.

그 이유가 뭘까요? 물론, 체계적인 유소년 육성 시스템과 공정한 차출, 자국 리그와 국가에 대한 엄청난 자부심도 있겠지만 독일의 경우에는 선수 한 명 한 명의 기본기가 정말 뛰어납니다.

대부분의 강력한 우승 후보국들의 경우에는 소위 스타 플레이어가 꼭 한두 명씩 있지만 독일은 모든 포지션의 선수들의 기본기가 튼튼하고 특히 조직력이 아주 좋습니다.

이러한 독일의 특징은 축구에서뿐만 아니라 건축 양식인 '바우하우스(Bauhaus)' 양식에서도 잘 나타나는데요. 바우하우스는 1919년 발터 그로피우스(Walter Gropius)가 바이마르(Weimar)에 설립한 종합예술학교를 말합니다.

'바우하우스'라는 명칭은 '짓기' 또는 '지은 것'이라는 뜻의 '바우(Bau)'와 집을 뜻하는 '하우스(Haus)'의 합성어인데요. 집을 짓는다는 뜻이 아니라 '짓는 곳'이라 해석해야 한다고 합니다. 그 이유는 집만 짓고자 한 것이 아니라 모든 예술과 공예 분야를 '짓는 행위'로 파악했기 때문이라네요.

살짝 건축 양식 얘기로 빠졌다가 돌아와서, 독일의 이

'바우하우스' 스타일은 기본에 충실하면서도 실용성을 중시하는 가운데 나름대로 미학까지도 갖추었다고 평가받습니다.

그런데 말입니다. 제가 강조하려고 하는 점은 바로 이러한 독일의 특성이 안전에서도 고스란히 나타난다는 점입니다.

운 좋게도 저는 재직 중인 기관에서 2016년에 6주 동안 독일의 재해예방 전문기관 가운데 한 곳과의 단기 공동연구 프로젝트에 연구자로 선정되어 남부 독일의 문화·정치·상공업의 중심지이자 '독일의 피렌체'로 불리는 아름다운 도시 드레스덴을 방문한 경험이 있습니다.

개인적으로 진정한 선진국이라고 생각하던 독일에서 난생처음 장거리 '이주노동자'로서의 생활을 경험해 볼 수 있었던 셈입니다. 잠시 독일에 대해 말씀드리자면 독일의 경우에는 사업장 안전 문제를 '사업장평의회'에서 노사가 공동 결정하도록 법제화했고, 상시로 노사 협력이 이루어집니다.

그 결과 독일은 현재 10만 명당 산재 사고 사망자가 무려 한 명도 채 안 됩니다. 영국과 더불어 대표적 산업안전

선진국으로 꼽히지요. 독일은 재해보험조합(DGUV)을 중심으로 노사 협력을 통한 '예방'에 집중하고 있는데 예방의 핵심 또한 빈번한 현장 방문이라고 하니 그야말로 안전이 잘 통할 수밖에 없는 구조를 갖추고 있는 것이지요.

바로 이 독일 드레스덴에서 6주 동안 공동연구 프로젝트를 수행하면서 느낀 점이 바로 '바우하우스' 양식 같은 독일의 연구 스타일이었습니다.

기초 자료 수집부터 너무나 꼼꼼히, 차근차근, 마치 레고 블록을 하나하나 쌓아 가듯이 정성 들여 진행하는 과정은 우리나라의 소위 '속도전'과는 사뭇 다른 느낌이었습니다. 그러면서 든 생각이 '아, 이러니 독일 축구는 강할 수밖에 없겠구나.'였습니다.

이렇게 기본기를 충실히 쌓아서 오랜 기간 성실히 성장한 선수 중에서도 제일 뛰어난 선수들이 국가 대표로 공정하게 뽑혀서 월드컵에 차출되니 얼마나 잘하겠습니까?

안전도 마찬가지입니다. 천천히, 꼼꼼히 위험 요소를 체크하고 분석해서 '처벌'보다는 '예방'을 우선시하여 다음의 사고가 일어나지 않도록 착실히 안전을 다져 가는 독일의 문화는 그야말로 안전의 모범 답안이 아닐 수 없습니다.

축구에 빗대어 안전을 살펴보았는데요. 안전 분야에도 올림픽이나 월드컵이 있다면 독일은 축구에서뿐만 아니라 안전에서도 유력한 우승 후보가 될 거라고 봅니다. 부러워하지만 말고 우리도 앞으로 열심히 해 나가면 됩니다. 대한민국은 이 대단한 독일을 2018년 피파 월드컵 러시아 F조 5-1 경기에서 2대 0으로 이긴 엄청난 나라니까요.

3000만큼 사랑해 VS 아빠 잘 갔다 와

　지금은 시들해졌지만 코로나 전까지만 해도 전 세계적으로 마블 영화 시리즈의 인기는 그야말로 대단했습니다. 〈아이언맨〉 1편으로 시작해서 캡틴 아메리카와 토르, 헐크와 블랙위도우, 닥터 스트레인지와 스파이더맨, 스칼렛위치와 캡틴마블에 이르기까지 멤버 한 명 한 명의 인기도 대단했지만, 이들이 단체로 등장하는 어벤져스 시리즈의 인기는 그야말로 천만 관객은 우스울 만큼 전 세계적인 메가 히트 작품이었습니다.

　마블 영화 시리즈의 클라이맥스는 2019년 개봉한 어벤져스의 마지막 작품인 엔드게임(Avengers: Endgame)이었는데요. 영화에 나왔던 대사 가운데 주인공 토니 스타크(아이언맨)의 딸로 나오는 모건 스타크가 아빠에게 한 대사인 "3000만큼 사랑해."는 "I am Iron Man."과 더불어 가

장 인상적인 마블의 명대사로 남아 있는데요. 정규 대사는
다음과 같습니다.

Tony Stark: I love you tons.
토니 스타크: 우리 모건 하늘만큼 사랑해.

Morgan Stark: I love you 3000.
모건 스타크: 3000만큼 사랑해.

Tony Stark: Wow⋯ 3000, That's crazy. Go to bed
or I'll sell all your toys. Night, night.
토니 스타크: 와⋯ 3000이라니, 엄청난데. 빨리
자. 아니면 장난감 모두 팔아 버릴 거야. 잘 자렴.

이 영화를 보신 분들이라면 모두 이 장면이 생생하게 떠
오르실 텐데요. 다른 재밌고 화려한 장면도 많지만 유독
이 장면이 제 뇌리에 남은 이유는 저 역시 대한민국 수많
은 딸바보 아빠 가운데 한 명이기 때문일 듯합니다.

영화에서 아이언맨의 딸은 자기가 아는 숫자 중에 제일 큰 3000만큼 아빠를 사랑한다는 의미였고 우리말로는 "하늘만큼 땅만큼 사랑해."에 해당할 텐데요. 죽을지도 모르는 큰 격전을 앞둔 아빠에게 딸의 이 한마디는 더더욱 눈물겹게 고맙고 애틋한 마음이 들게 했을 겁니다.

감격스럽고 또 감사하게도, 저 역시 바로 요 느낌을 초등학생 딸내미로부터 매일 아침 받는 아빠입니다. 제 경우에도 매일 아침 출근길에 초딩 딸내미가 손을 흔들며 이렇게 인사를 해 줍니다. "아빠 잘 갔다 와." 얼마나 예쁜 마음인지 독자 여러분들께도 이 느낌이 전해지시죠?

그런데 여기서 중요한 점은 딸의 안전 메시지입니다. "잘 갔다 와."를 세부적으로 분석해서 살펴보자면, 〈잘 갔다 와= 잘 가기+잘 오기=무사히 회사까지 잘 가기+마치고 온전히 집으로 잘 돌아오기〉로 해석할 수 있습니다.

즉, '아빠, 나랑 웃으며 행복하게 지금 잠시 헤어지는 이 모드 그대로 회사까지 무사히 잘 출근하고 일 마친 다음에 오늘 저녁에 아무 일 없이 온전하게 집으로 잘 돌아와서 웃으며 다시 만나고 싶어. (이왕이면 올 때 내가 좋아하는 맛있는 것도 좀 사 오면 좋고)'의 줄임말이 바로 "아빠, 잘 갔다 와."인 것입니다.

동서양을 막론하고 우리 딸내미들의 마음은 한결같이 아빠의 안전을 기원하는 갸륵하고 고마운 듯합니다. 비록 아이언맨은 아니어도, 천만 관객의 사랑을 못 받아도, 이런 딸내미와 있는 우리나라 모든 아빠는 모두 함께 딸내미와의 약속을 위해서라도 내일도 안전히&온전히 잘 다녀오시기를 저도 함께 기원하겠습니다.

물론, 아들의 마음도 마찬가지일 겁니다. 암요 비록 아들이 말은 딸내미만큼 살갑게 하지 않을지언정 아들의 마음도 딸과 똑같을 거라 믿어 의심치 않습니다. 아, 참고로 저는 아들도 있습니다.

거짓말 거짓말 거짓말

"우~ 그대만을 철석같이 믿었었는데~." 많은 분이 좋아하는 가수 이적 님의 노래 중 〈거짓말 거짓말 거짓말〉이라는 노래에 나오는 구절입니다.

이 노래의 의미에 대해 2014년 10월 〈히든싱어〉 시즌 3에 나온 이적 님이 직접 설명해 주셨지요. "사는 게 힘들어서 자식마저 버리는 일이 있었던 때 유난히 유원지에 사람이 많은 날에 가장 좋은 옷을 입히고 원하는 건 다 사 주고 기다리는데 엄마가 안 오는 상황, 그때 버림받은 아이는 어떤 마음이었을까를 생각하며 만들었다. 세상에서 가장 사랑하는 사람에게 버림받은 마음을 노래해 보자는 마음으로 불렀다."라고 탄생 비화를 밝힌 바 있습니다.

그리고 이어서 "세월호 사건 후 이 노래를 불렀는데 그 땐 노래를 할 수 없을 정도로 흔들리고 마음이 아팠다."라고 덧붙여 보는 이들을 먹먹하게 만들었지요.

저 역시 종종 이 노래를 들으며 '안전'의 의미와 아이들에 대한 우리 어른들과 정부를 비롯한 공공기관의 존재에 대해 곰곰이 곱씹어 보는 시간을 갖곤 합니다. 특히, 이적 님이 말씀하셨듯이 세월호 사건을 되뇔 때면 지금도 아이들과 그 부모님들 생각에 눈시울이 따갑도록 뜨거워지고 요. 왜 대한민국에서는 이런 사고가 반복될까요?

사실 고3 아이들의 사고라 더더욱 큰 아픔으로 다가왔지만, 이전에도 비슷한 사고가 있었음을 아시나요?

무려 54년 전인 1970년 12월 15일에 부산과 제주를 잇는 정기 페리인 남영호가 침몰해 무려 326명의 사망자를 낸 사고가 있었고요. 그리고 23년 후 1993년 10월 10일에는 전라북도 부안군 위도 인근 해상에서는 여객선 서해 훼리호가 침몰해 292명의 사망자가 발생한 선박 사고도 있었답니다.

그로부터 21년 뒤인 2014년 4월 16일에 299명의 사망자가 발생한 지금의 세월호 참사가 발생했지요. 무려 반백 년 전에 발생한 사고와 비슷한 사고가 최첨단의 기술력과 경제력을 갖춘 2014년에도 일어난 것은 단지 기술적인 문제만은 아닐 겁니다.

진짜 원인은 바로 제가 1장에서 맨 먼저 말씀드린 그놈의 '안전불감증' 때문이지요. 무리한 탑승과 과적, 작동하지 않는 구명 장비, 구조 체계의 허술함, 부실한 안전교육과 안전 의식, 그리고 안전 문화…. 아, 그야말로 총체적 난국입니다.

공교롭게도 세 번의 대형 선박 사고가 23년과 21년 만에 일어났는데, 이대로라면 2035년쯤에도 이런 사고가 또 일어날지도 모른다고 생각해야 할까요? 아니요. 그래서는 절대 안 됩니다! 다시는 이런 사고가 발생해선 안 되는 겁니다.

다시는 대한민국 국민 누구도, 아니 심지어 우리나라에서 일하고 있는 이주노동자와 잠시 들린 관광객까지 포함해서 그 누구도 이런 사고로 희생되는 사람은 없어야 합니다.

선장도, 선원도, 탑승객도, 해양경찰도, 민간 어부도, 모든 국민이 어릴 때부터 안전한 행동 수칙과 대피 요령, 각종 보호구 착용, 소화기 사용법, 각종 재난 시 대피 방법 등을 철저히 익혀서 어떤 위험한 상황이 내 주위에서 발생하더라도 신속히 대처할 수 있도록 평생 체험 위주의 안전

교육에 기반한 안전 능력을 갖추어야 합니다.

이 시점에서 마음 아프게도, 다시 한번 1장에서 언급했던 이국종 교수님의 〈세바시〉 강연 '세상은 만만하지 않습니다'에서 반복해서 말씀하셨던 "이게 나라냐?"라는 그 말씀이 여전히 귓가를 맴도네요.

이제는 정말 육·해·공 어디서든 어떤 대형 사고가 발생해도 모든 탑승객이 안전하게 구조되는 장면이 전 세계로 송출되는, 외국인들에게 "이게 나라다!"라고 당당하게 말할 수 있는 그런 대한민국 국민이 되고 싶습니다.

특히, 우리 아이들이 어떤 위험에 처해도 반드시 구조될 거라는 믿음을 갖도록 해 주는, 거짓말 안 하는 어른이 되고 싶습니다. 오늘따라 이적 님의 이 노래가 더없이 가슴을 후벼 팝니다. 상처까지 따뜻하게 안아 줄 수 있는 그런 우리가 꼭 되어야겠습니다.

눈물이… 결국 이렇게 나고 맙니다. 잠시 시원하게 한바탕 울어야겠습니다.

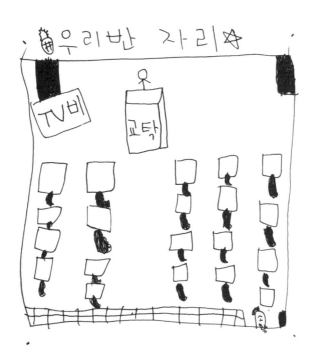

3장

세 번째 안전통:
그릇 통(桶)

그릇이 너무 작다…

대한민국, 아직 월클 아닙니다

다들 잘 아시는 명언이죠? 대한민국의 자랑스러운 국가 대표 축구선수 손흥민 선수의 아버지, 손웅정 감독님이 아들 손흥민 선수를 두고 하셨던 바로 그 말씀입니다.

그런데 말입니다. OECD 10위권의 경제 강국으로 비상한 대한민국은 안타깝게도 안전에 있어서만큼은 아직 '월클(월드클래스, 세계적인 수준)'이 전혀 아닙니다.

프롤로그에서 말씀드린 바처럼, '안전불감증'이나 '산재 공화국'이라는 수식어가 되레 친숙한 느낌이 없잖아 있습니다. 그럼, 세계 속의 대한민국 안전 수준을 한번 살펴볼까요?

비교를 위해 근로자 10만 명당 사망률을 한번 살펴보면, 터키가 15명, 멕시코는 10명, 한국은 8명입니다. 여기서 OECD 평균이 중요한데 2.6명입니다. 즉 한국은 OECD 평균의 거의 4배 가까이 되는 것이죠.

안전 분야에서의 월클을 꼽아 보자면, 네덜란드·영국·독일·덴마크 등인데 주요 북유럽 국가가 많군요. 이들 국가의 특징은? 네. 바로 천천히, 여유롭게 일하고 복지가 좋다는 공통점이 있습니다.

제가 1장 맨 처음에 말씀드렸듯이, 안전한 노동을 위해서는 꼼꼼한 사전 준비와 중간 점검, 위험 요소에 대한 조치와 보완, 그리고 예방 대책 등이 필요한데 이 모든 과정에는 '천천히' 시간을 들이는 과정이 수반되어야 합니다.

그러기 위해서는 이제부터라도 '빨리빨리'와는 좀 거리를 두어야 하겠지요? 저는 바로 이 부분에 월클 탄생의 비결이 숨어 있다고 봅니다. 대표적인 예로 전 국민의 사랑을 받는 손흥민 선수를 한번 살펴볼까요?

우리가 보게 되는 손흥민 선수의 모습은 주로 영국 프리미어리그 및 국가 간 A매치에서 경기하는 모습인데요. 사실 경기 외의 시간에 손흥민 선수가 얼마나 많은 볼 터치와 패스, 드리블과 감아차기, 달리기와 점프 등 많은 개인 연습에 시간을 할애해서 천천히, 그리고 꾸준히 하는지는 알 수 없습니다.

하지만 손흥민 선수의 경기력을 보면 당연히 그런 인고의 시간이 엄청나게 투입되었음은 충분히 미루어 추측할 수 있을 정도지요. 그리고 그보다 더 중요한 멘탈 훈련은 말할 필요도 없겠습니다.

아시겠지만 월클 선수들에게 있어 멘탈 훈련은 신체 훈련보다도 더욱 중요하다고 합니다. 집중력이 흐트러지거나 정신적 충격이 있으면 제 실력도 못 내고 무너지기 십상입니다.

하물며, 생명이 달린 안전 문제는 더더욱 그러하지요. 앞서 살펴보았듯이, 안타깝게도 우리는 아직 월클이 아니기에 갈 길이 멉니다. 축구로 치면 체력도, 정신력도 아직 부족한 셈인데, 그나마 다행히 경제력(예산)은 이제 좀 됩니다.

OECD 10위권에 걸맞게 국가 차원에서 좋은 정책들을 시행하는 한편, 기업 CEO들도 안전 관련 예산을 충분히 투입한다면 충분히 '월클' 안전 국가로 거듭날 수 있습니다.

그러려면 히딩크&손웅정 감독님처럼 기본기와 멘탈 훈련을 잘 지도할 수 있는 훌륭한 감독과 코치진이 필요한데요. 그러기 위해서는 크게는 안전과 관련된 주요 정부 관게 부처에, 그리고 작게는 지방자치단체의 가장 작은 단위의 통·반에, 더불어 조기 안전의식 고취와 안전 문화 확산의 거점 역할을 해야 하는 모든 교육기관 등 각각의 자리에 안전의 중요성과 가치에 대해 깊은 이해를 하고 있을 뿐만 아니라, 우리 아이들의 안전까지도 헤아릴 수 있는, 국민의 생명이 달린 이 중요한 문제에 대해 책임감이 출중한, 그런 미래 지향적인 통찰력을 가진 분들로 꽉꽉 채워질 수 있도록 자리에 걸맞은 정치권의 판이 먼저 구성되어야 하겠습니다.

마치 축구에서의 감독님처럼 각 지역의 특성을 고려해서 사고를 예방할 수 있는 든든한 '안전 작전판'을 멋지게 짤 수 있는 그런 분들이 정계와 교육계에서 많이 나와 주시기를 기대해 봅니다.

하지만, 결코 하루아침에 그런 인물이 나오기는 어렵습니다. 비옥한 땅에서 양질의 작물이 자랄 수 있듯이, 먼저 안전교육 시스템부터 손봐야 비옥한 안전 토양이 만들어질 수 있을 겁니다. 아, 역시 월클의 길은 멀고도 험하군요. 손흥민 선수도 볼 터치부터 하나씩 익혀 나갔을 거니까 우리도 유아기 안전교육부터 해 보죠, 뭐.

안전바라지와 안전꾼

뒷바라지와 옥바라지까지는 그나마 들어 보셨을 겁니다. 큰일을 하는 사람이 그 일에 집중할 수 있도록 다른 허드렛일을 손수 도와주는 것을 '뒷바라지'라고 하고 누군가 감옥살이를 하는 동안 필요한 물건도 갖다주고 가끔 사식도 넣어 주며 수감 기간이 끝날 때까지 뒷바라지하는 것을 '옥바라지'라고 합니다.

그런데 우리나라 산업 현장의 '안전'을 위한 뒷바라지는 유독 인색합니다. 심지어 노동자들이 불만을 느끼고 개선을 요구하는데도 불구하고 모른 척 넘어가 버리는 경우도 많습니다. 실망스러운 점은 충분한 예산과 여력을 갖고 있는 대기업들조차도 안전에 대해서는 당연히 하고 있을 줄 알았던 '앞바라지'는 고사하고 '뒷바라지'조차 안 하는 경우가 허다하다는 점입니다.

개당 단가가 몇백 원 안 하는 마스크 지급이 되지 않아 노출된 화학물질로 인한 진폐증 등 치료할 수 없는 직업병으로 사망하는 노동자가 부지기수입니다.

이름만 들으면 전 세계인이 알 만한 재벌 기업들조차도 기본적인 '안전바라지'를 하지 않는다면 하물며 중소기업이나 영세한 사업장의 경우는 기대조차 못 하지요.

기업이 노동자에게 필요한 수준의 '안전바라지'를 제대로 해 줘야만 현장에서도 '안전꾼'이 자라날 수 있습니다. 적절한 환경이 조성되지 않은 상태에서는 그 어느 분야에서건 전문가라고 할 수 있는 소위 '꾼'이 등장하기 힘듭니다. '꾼'은 우리말로 '어떤 일에 재주가 뛰어나거나 이를 매우 즐기는 사람'을 일컫는 말입니다.

예를 들어, 씨름을 잘하는 '씨름꾼', 장사를 잘하는 '장사꾼', 낚시를 잘하는 '낚시꾼' 등이 있습니다. 그렇다면, 산업 현장에서도 안전의 전문가인 '안전꾼'들이 많아져야 안전한 현장들이 점점 많아질 수 있지 않겠습니까?

산업현장을 김밥천국이 아닌 안전 천국으로 만들기 위해서는 이러한 안전꾼들이 넘쳐날 수 있도록 사업주분들께서 앞서 말씀드린 '안전바라지'를 잘해 주셔야 하겠습니다.

국가 차원에서도 현장의 안전바라지에 앞서 어릴 때부터 안전의식이 몸과 마음에 스며들 수 있도록 전 국민의 의식 속에 '안전 씨앗'을 심고, 그 씨앗이 무럭무럭 자랄 수 있도록 지속해서 '체험 중심의 안전교육'이라는 물과 거름을 제공해 주어야 함은 물론입니다.

이제부터라도 이런 전방위적인 '안전바라지'를 국가 차원에서 계획적으로 추진해 나가야겠습니다. 그렇게 착실히 안전바라지를 하다 보면 머잖아 우리 대한민국이 '안전꾼' 가득한 안전한 국(國)이 되어 있지 아니할 수 없을 것입니다.

나쁜 놈들 전성시대-누가 더 나쁜 놈인가?

혹시 케임브리지 경제학 박사 장하준 교수님의 '사다리 걷어차기'를 들어보셨나요?

선진국들이 지금의 수준에 이르기까지 자국의 경제 성장을 위해 온갖 정책을 선제적으로 사용하며 성장한 이후, 후발 주자로 성장하려는 개발도상국들이 자신들이 사용했던 방법(이를 '사다리'에 비유)을 사용하려 할 때, 따라오지 못하도록 그 사다리를 걷어차 버리는 것을 '사다리 걷어차기'라고 이름을 붙인 것입니다.

그런데 말입니다. 우리나라에서는 안전과 관련해서 바로 이 '사다리 걷어차기' 비스름한 현상이 나타납니다. 주로 대기업에서 이 현상이 나타나는데요. 제가 1장에서 언급한 쓰디쓴 외주화 문제와 직결되는 부분입니다.

신비롭게도 어디선가 사고가 나면 본사 직원은 크게 다

치는 경우가 거의 없는 반면에, 꼭 외주를 받은 하청업체 직원에게 중대재해가 발생하는 경우가 대부분입니다. 왜 그럴까요? 안전설비나 보호구의 지급도 문제가 되지만 그보다는 계약 자체에 부당하고 불가능한 조건들이 많아서 그렇습니다.

여러 차례 말씀드렸듯이 안전을 확보하려면 '시간'과 '비용'이라는 사다리가 필연적으로 요구되는데, 외주 계약서를 살펴보면 소위 터무니없는 단가 후려치기와 정상적인 업무속도로는 도저히 계약 기간 내에 마무리할 수 없을 만큼의 무리한 업무량이 부과되기 때문입니다. 그러니 사다리(시간+비용) 자체가 애당초 부실할 수밖에 없죠.

조금만 잘못 디디거나 힘줘서 밟으면 부러져서 떨어질 만한 소재로 만들어진 사다리라고 할 수 있겠습니다. 이건 뭐, 온전한 사다리를 걷어차서 못 올라오게 만드는 '사다리 걷어차기'가 아니라 아예 처음부터 밟고 올라오다가 떨어질 수 있는 부실한 사다리를 제공하는 것이니 죄질이 더 나쁜 겁니다. 떨어질 줄 알면서 올라오라고 하는 것이니 얼마나 사악한 건가요.

엄청나게 위험한 화학물질에 중독될 걸 알면서도 위험

물질에 대해 제대로 알려 주지 않고, 제대로 된 방독마스크를 지급하지 않고, 폭발 위험이 있는 곳에서 용접 작업을 하라고 하는 등의 부당한 작업 지시가 누군가를 불구자나 사망자로 만드는 겁니다. 결론적으로 사다리를 걷어차는 것보다 부실한 사다리 제공자가 더 나쁜 놈이라는 결론이 나네요.

그런데 문제는 이러한 불합리한 조건을 좋은 게 좋다고 수용하는 우리 사회의 문화에도 있지 않을까요? 제가 정말 좋아하는 김수연 작가님의 『애쓰지 않고 편안하게』라는 책 154~156페이지를 보면 "우리는 모욕의 재생산을 중단할 수 있어야 한다."라는 구절이 나옵니다.

대기업이, 원청이, 또 갑이, 더럽고, 치사하게 강요하는 불평등한 계약에 대해 원래 더럽고 치사한 거라고 체념하며 암묵적 동의를 해 온 것은 어쩌면 우리나라의 오랜 유교 문화에 기인한 것으로 시끄러워지는 것을 싫어하고 상대방에게 꼬치꼬치 따져 묻는 것을 피하려는 우리네 사회적 분위기 때문이었는지도 모릅니다.

하지만 이제부터라도 김수현 작가님의 생각처럼 모욕에 익숙해지지 않아야 함부로 모욕당하지 않을 수 있습니다.

적어도 그 모욕에 익숙해지지는 말자는 말이지요. 그래야 우리가, 또 우리가 사랑하는 이들이 더럽고, 치사하지 않은 세상에서 살 수 있을 것이기 때문입니다.

작가님의 책으로부터 멋진 구절 하나 재인용해 봅니다.

"모욕당하는 방법은 그것에 굴복하는 것이다.
사람은 요구하는 만큼만 존중받게 된다."

- 윌리엄 해즐릿 -

부디 앞으로는 부실한 사다리는 저 멀리 치워 버리고 아웃트리거(보조 지지대)까지 잘 장착된 튼튼한 사다리를 제공하는 올바른 대기업, 원청, 그리고 갑의 출현이 많아지기를 바랍니다.

블랑카도, 나도, 우린 모두 이주노동자

혹시 블랑카를 아시나요? 남자분들에게는 전 세계적으로 류와 켄으로 유명한 격투 게임의 명가인 캡콤의 스트리트 파이터 시리즈에 나오는 메인 캐릭터 중의 하나로 알려져 있을 텐데요(참고로 저도 나름 고인물 가일 유저랍니다). 또 다른 유명한 블랑카 캐릭터가 하나 더 있습니다.

바로 KBS 19기 공채 개그맨 출신인 정철규 씨가 창원공단 산업 현장에서 군 대체 복무 시절 이주노동자들을 보며 탄생시킨 캐릭터로 "뭡니까 이게, 사장님 나빠요."라는 전국구 유행어를 만들어 낸 가상의 스리랑카 출신 이주노동자 블랑카 캐릭터입니다.

2003년 KBS 개그 프로그램에 등장한 정철규 씨는 1인 스탠드업 코미디 스타일로 당시 이주노동자들이 한국에서 겪는 부당한 상황들을 패러디하며 인기를 끌었는데요. 개그맨 가운데 최초의 IQ 148 이상인 멘사 회원이기도 합니다. 현재는 다문화 관련 강사로 활동 중이시라고 하는데요. 철규 씨의 멋진 강의를 한번 들어 볼 수 있기를 바랍니다.

그런데 말입니다. 철규 씨의 패러디 소재였던 '이주노동자'에 대해 여러분은 얼마나 알고 계시는지요? 뉴스에서 종종 들려오는 이주노동자의 사망 소식을 보면서 어떤 생각을 하셨을까요?

그동안의 뉴스에서는 열악하다 못해 참담한 숙소나 작업 환경, 임금 체불과 욕설, 폭력과 학대, 강제 추방과 끔찍한 사망 사고 등 주로 부정적인 내용이 많았습니다.

2023년 말 기준 현재 국내 체류 외국인은 250만 명이 넘습니다. 이 가운데 85만 명 정도가 우리나라 산업 현장에서 일을 하고 있고, 매년 7천 500명 정도가 재해를 입고, 100여 명이 우리나라에서 일하다가 사망하는 안타까운 상황이 지속되고 있습니다.

놀랍게도, 우리나라 전체 노동자 중 이주노동자의 비중은 4%도 안 되지만, 중대재해로 사망한 전체 노동자 10명 중 한 명 이상이 외국인이죠. 정말 심각하고 안타까운 일입니다.

그런데 말입니다. 혹시 주위에서 이런 얘기 한 번쯤 들어보시지 않으셨나요? "우리나라 사람들도 일자리가 없어서 난린데, 외국인들까지 받아 줘서 없는 일자리마저 뺏기고 말이야."라는.

실제로 여성가족부가 3년마다 실시하는 국민 다문화 수용성 조사 결과를 살펴보면 매번 조사할 때마다 응답자 중 30%가 넘는 분들이 이런 생각을 하고 있다고 하네요.

이 말이 과연 사실인지 한 번쯤 궁금하지 않으셨나요? '뺏는다.'라는 말이 성립되려면 누군가가 강제로 뺏어야 하는데 그렇다면 이주노동자들이 하는 일들이 과연 우리나라 사람들이 하고 싶어 하는 그런 일인지 살펴봐야겠죠?

만약, 실제로는 우리나라 사람들이 하지 않으려고 하는 일들을 이주노동자들이 도맡아 한다면? 그렇다면 그건 뺏는 것이 아니라 도와주거나 부족한 노동을 메꿔 주는, 되레 '고마운' 노동입니다. 그렇죠?

관련 조사 결과를 살펴보니, 이분들이 주로 일하는 곳은 직원 수 30명 미만의 제조업 공장으로, 월평균 200~300만 원을 받고 일하는 것으로 나타났습니다. 그리고 더욱 놀라운 사실은, 이분들이 일하는 곳들은 자리가 모자란 것이 아니라 일손이 부족한 곳이었던 것이었습니다!

다시 말해서, 사람은 필요한데 지원자가 없는 곳이란 말이지요. 회사 규모가 작으면 작을수록, 인력 수급에 어려움을 겪는 곳인데, 대부분 임금 수준 및 복리후생 등 노동 조건이 구직자들의 희망 수준을 못 미친다는 이유로 내국인들이 꺼리는 직종이었답니다.

요즘에는 제조업뿐만 아니라, 건설 현장과 식당 등의 서비스업, 그리고 농어촌까지 이주노동자를 필요로 하는 곳이 많아지고 있지요.

이왕 일손을 빌려 쓸 거라면, 편견과 선입견보다는 이해와 포용으로 서로 윈-윈 할 수 있는 동반자 관계로 기분 좋게 일할 수 있도록 근무 환경도 제공하고, 우리나라에서 일하는 동안 대한민국에 긍정적인 기억이 많아질 수 있도록, 그래서 나중에 돌아가서도 다시 일하고 싶고 무언가 도움이 필요할 때 동조하고 싶은 나라로 기억에 남을 수 있도록 하는 편이 훨씬 좋지 않을까 싶네요.

그런데 말입니다. 혹시 이 시대를 살아가는 우리가 알고 보면 모두 이주노동자라는 더더욱 놀라운 사실을 아시나요? 사실 정철규 씨가 연기한 '블랑카'뿐만 아니라 저 역시

한 명의 이주노동자랍니다. 무슨 얘기냐고요?

'이주'라는 단어를 살며시 쪼개 보면 '옮길 이(移)+살 주(住)'로 구성되어 있습니다. 즉, '옮겨서 산다'라는 뜻이죠. 바로 이 옮긴다(이동)는 그것과 산다(머문다)는 것에 대한 관점을 조금만 넓혀서 생각해 보면 어떨까요?

예를 들어 제가 한 며칠, 아니면 더 짧게 당일치기로 부산에서 서울로 출장을 가서(이동하기) 몇 시간 어느 장소에서 일을 하면(머물기), 저는 단거리(단시간) '이주'노동자가 되는 것이란 말이죠. 즉, 이동하는 거리와 머무는 시간의 차이가 날 뿐이란 말입니다.

부산에서 서울 대신 필리핀에서 한국으로, 본인의 고향 집이 아닌 다른 대한민국 어느 곳에선가 한동안(몇 달~몇 년) 머물며 일하는 장거리(장시간) '이주'노동자가 된다는 개념입니다.

아마 이 책을 읽고 계신 독자 여러분들도 모두 조금씩 차이는 있겠지만 마찬가지로 하루 종일 집에서 머물며 일하는 재택근무자 일부를 제외하고는 모두 장·단기 이주노동자이실 거예요.

놀랍지 않나요? 이렇게 생각의 폭을 조금만 바꾸면 관점이 바뀌고, 바뀐 관점으로 바라보면 편견이 사라지면서 스스로가 마치 멋진 '세계 시민'이 된 것처럼 바뀌지 않습니까?

바야흐로 글로벌 시대입니다. 결국 다 같은 이주노동자끼리 피부색과 언어가 좀 다르다고 편을 가르고 다투지 말고 함께 어우러져 일하는, 안전한 대한민국 노동 환경을 함께 만들어 가기를 희망해 봅니다.

등밀이 기계를 아세요?

유튜브를 통해 춤과 노래로 유명한 홍박사님은 많이들 아실 텐데 혹시 등밀이 기계를 아실지는 모르겠네요.

가끔 수도권이나 다른 지방에는 없는 것들이 제가 사는 이곳 부산에는 있습니다. 널리 알려진 씨앗호떡이나 물떡, 그리고 밀면 등 먹거리 이외에도 그런 것들이 있는데요. 솔직히 이 등밀이 기계가 부산에만 있는 줄은 저도 잘 몰랐습니다.

전신 세신사는 전국 어느 목욕탕에나 있을 텐데요. 부산에는 특이하게도 자동 등밀이 기계라는 것이 있답니다. 보통 어르신들이 애용하시는 편이기는 하지만 말이죠.

목욕하러 갔을 때 손이 닿지 않는 등을 미는 건 불가능하죠? 혹시 요가를 오랫동안 수련한 고수님이신 경우라면 등 뒤로 합장 자세가 가능할 테니 손이 자유롭게 닿아서 개인 때수건으로 본인의 등 여기저기를 완벽하게 밀 수도 있겠지만 일반인 대부분은 그 정도로 유연하지 못합니다.

바로 이러한 불편을 해소해 주는 멋진 친구가 바로 이 자동 때밀이 기계입니다. 혜성같이 등장한 이 친구의 활약으로 인해 세신사님들의 세신 코스 가운데 '등' 코스가 살짝 타격을 받긴 했지만, 다행히 유럽처럼 러다이트 운동은 없었기에 지금까지 잘 명맥을 보존하고 있습니다.

그런데 이 등밀이 기계가 공용이다 보니 사용 전에 앉는 자리를 포함해서 보통 비누칠&물칠을 해서 한 번 헹구고 사용합니다. 문제는 앞사람이 사용한 다음인데 어떤 분들은 다음 사람을 위해 다시 비누칠을 해서 한 번 헹궈 놓고 자리를 뜨지만, 공중도덕이 없는 일부 이용객들의 경우에는 물 한 바가지만 끼얹고 가 버리거나 심지어는 때 국수까지 남겨 두고 모른 척 그냥 자리를 뜨는 사람까지도 있답니다.

저는 이 목욕탕의 등밀이 기계를 보며 우리의 안전 문화를 떠올렸는데요. 한 사람 한 사람이 다음 사람을 위한 작은 배려나 조치하는 아주 작은 수고만 해 준다면 모두가 안전하고 기분 좋게 시설을 이용할 수 있을 거라는 생각이

〈부산의 명물, 씨앗호떡 말고 자동 등밀이 기계〉

들더라고요.

안전 문화라는 게 사실 다른 게 아니라 이타적인 마음들의 집합이거든요. 사회 구성원 모두가 나뿐만 아니라 다른 누구라도 다치지 않아야 한다는 마음을 갖고 있다면 자신의 안전 확보는 물론 다른 사람의 안전까지도 확보할 수 있기 때문입니다.

선진국의 척도에는 여러 가지가 존재하겠지만 사회 구성원 모두의 타인을 배려하는 의식 수준이야말로 가장 중요한 요소 가운데 하나가 아닐지 싶습니다. 나의 사소한 수고스러움이 다른 사람의 안전을 위해 중요하다는 사실, 잊으시면 안 됩니다.

공공시설물 이용 시 위험 요소가 있으면 그냥 지나치지 말고 사소한 것이라도 신고하거나 알려 줘서 다른 사람이 위험하지 않도록 꼭 해 주시기를 바랍니다.

복합 안전의 시대가 찾아왔어

우리나라는 물론 전 세계적으로도 꾸준히 인기 있는 뮤지컬 〈노트르담 드 파리〉를 아시나요? 이 작품을 더욱 유명하게 만든 요소 가운데 하나가 바로 제1막의 넘버로 나오는 〈대성당들의 시대〉입니다.

"대성당들의 시대가 찾아왔어. 이제 세상은 새로운 천
년을 맞지~♬"

그런데 말입니다. 지금 우리에겐 대성당들의 시대가 아닌 '복합 안전의 시대'가 찾아왔습니다. 세상에, 한 가지 분야의 안전만 해도 버거운데 복합 마테카솔도 아니고 복합 안전이라니요! 좀 더 쉬운 설명을 위해 제가 있는 부산의 최근 사례를 한번 들어보겠습니다.

부산에는 최근 커피의 신흥 메카로 떠오르고 있는 영도 (Young Island)라는 젊디젊은 섬이 하나 있습니다. 예전부터 배를 수리하는 크고 작은 수리 사업장이 많은 섬인데, 위험한 현장인 조선소와 관련되는 업체들이 많다 보니 각종 사건·사고 또한 빈번하게 일어납니다.

바로 이 영도에서 2023년 4월 28일 오전 8시 20분쯤 한 초등학교 부근 등굣길에 원통형의 1.5t짜리 대형 어망실이 굴러 내려와 등교 중이던 초등학생 3명과 30대 여성 1명 등 4명을 덮친 사고가 발생했습니다. 이 사고로 10살 A양이 숨지고, 다른 초등학생 2명과 30대 여성 1명이 다쳐 병원에서 치료받았습니다. 정말 안타까운 사고였는데요. 바로 이 장면에서 질문을 하나 드려 볼까 합니다.

방금 말씀드린 이 사고가 산업안전 관련 사항일까요. 아니면 학교안전이나 시민재해에 관련되는 사항일까요? 아마 명확한 답이 뭔지 애매하실 텐데, 그 이유는 실제로 이 재해가 복합적이기 때문입니다.

즉, 기존에 특정 분야로 구분되던 단일 재해의 유형(교통사고, 산업재해, 자연재해, 시민재해 등)도 여전히 존재하지만, 이전보다 복합적인 형태의 재해가 점점 더 자주 발생하고 있음을 알 수 있죠. 방금 살펴본 이 사고의 경우만 하더라도 산업안전과 교통안전, 그리고 학교 안전이 연계된 형태를 보여 줍니다.

개인의 일과를 재해 발생적 측면에서 보면, 하루하루가 생활 재해, 산업재해, 교통사고 등 다양한 재해 발생 가능성에 상시 노출되어 있습니다. 이러한 상황에서 안전하기 위해서는 다음과 같이 행동해야겠죠.

화물 자동차, 오토바이, 지게차 등 모든 형태의 자동차를 타면 자연스럽게 안전띠부터 매고, 누군가 사다리 작업을 하면 먼저 안전모부터 쓰고, 동료 작업자는 함께 보조해 주어야 합니다.

또, 기계를 수리하거나 정비 작업을 할 때는 전원부터 차단하고 꼬리표를 달아서 다른 사람이 모르고 작동하지 않도록 알려 주어야 하겠습니다.

이러한 일련의 모든 행동이 자연스럽게 이루어지는 '모두를 위한 안전 교육'이 평생 교육의 주요한 콘텐츠로서 생애 전 주기에 걸쳐 모든 연령대를 대상으로 지속해서 제공되어야 한다는 얘깁니다. 또 이런 모든 교육은요. 이론만이 아니라 반드시 체험 교육을 통해 체득되어서 완전히 습관화되어야만 그 효과가 발생합니다.

이를 위해서는 유치원에서부터 끊임없는 실질적 연습과 체험 교육의 기회가 제공되어야 합니다. 즉, 소화기 훈련, 인공호흡, 응급처치, 산업 현장에서의 안전을 위한 체험 교육, 지진·태풍·쓰나미를 비롯한 각종 자연 재난 및 시민 재해 발생 시 행동 요령 숙지를 위한 대피 연습 등 모든 교육이 지속해서 국가 차원에서 제공되어야 한다는 말입니다.

앞서 살펴본 바와 같이 사회 구조가 복잡해지면 질수록, 산업재해와 시민재해, 자연재해 등 재해의 유형 또한 점점 복합적으로 얽혀 가고 있을 뿐만 아니라 발생 원인에 대한 책임 소재 및 이해당사자 또한 복잡해진다고 볼 수 있는 것이죠.

바로 이러한 점이 제가 이 책을 쓰게 된 이유 가운데 하나이기도 합니다. 언제 어디서 발생할지 모르는 다양한 복합재해로부터 자신의 안전을 확보하기 위한 쉽고 효과적인 생활 밀착형 안전 원칙을 전 국민이 모두 익힐 수 있도록 하는 것!

그리하여 최대한 복합재해로부터 안전해질 수 있는 시

민이 될 수 있도록 꾸준히 단련할 수 있는 원칙을 서로서로 외치며 체득하게 만드는 것이 바로 이 책의 궁극적인 목표입니다.

바로 이 쉽고 효과적인 단 세 가지 절대 원칙을 바로 다음 4장에서 함께 익혀 보도록 하겠습니다. 준비되셨나요? 이거 진짜 보통 일이 아닙니다. 무려 여러분의 평생 안전을 지켜 줄 거라니까요.

그럼 정신줄 단단히 붙들어 매고 4장으로 이어 가겠습니다!

4장

절대 안전의 3대 원칙
(Basic Three rules
for Safety)

어쩌다 보니 BTS
(Feat. 제발 날 미워하진 말아요. ARMY 여러분 ♥)

❶ 깨끗하게, 밝게, 알 수 있게!

감히 여러분의 평생 안전을 책임지겠다고 호언장담하는 저자가 제시하는 절대 안전의 3대 원칙 가운데 그 첫 번째는 과연 뭘까요? (빠밤)

특히나 안전 분야에 종사하시는 분들이라면 다들 이 첫 번째 원칙을 보자마자 무릎을 아프게 '팍' 칠 만큼 감이 딱 올 겁니다.

그중에서도 제일 먼저 말씀드리고자 하는 게 바로 '깨끗하게'인데요. 제가 안전 교육을 할 때도 다들 듣자마자 고개를 끄덕이시더군요. 그렇습니다. 바로 이 단순한 원칙에서부터 안전이 시작됩니다.

사람도, 집도, 사무실도, 현장도, 그 어디가 되었건 잘 정리되어 있는 깨끗한 곳은 사고가 날 확률이 현저히 낮아집니다. 현장까지 갈 필요도 없어요. 집에 있을 때를 한번 상상해 보시죠.

열려 있는 찬장 문, 각종 충전 케이블과 치우지 않은 잡동사니들이 널브러진 마루를 한번 떠올려 봅시다. 다들 언젠가 한 번쯤은 찬장 문에 부딪히고, 충전기 케이블이나 드라이기 전선에 걸려 넘어지거나 무언가를 밟아서 발을 움켜잡고 화를 내신 적 있으실 겁니다.

집에서는 그나마 살짝 다치고 말 수도 있겠지만, 바깥에서는 훨씬 심하게 다치고 자칫하면 영원히 집으로 돌아오지 못할 수도 있습니다. 그래서 우리는 어릴 때부터 '정리 정돈'의 중요성을 배우지 않았을까 싶습니다.

명심하자고요. 깨끗하면 안전하다. 이와 관련하여 우리나라 굴지의 기업인 포스코의 명예회장이자 포항공과대학교의 설립자 및 초대 이사장이셨던 고(故) 박태준 회장님도 현장은 물론, 작업자의 청결함을 품질에 빗대어 강조한 바 있습니다.

7
품질과 목욕론

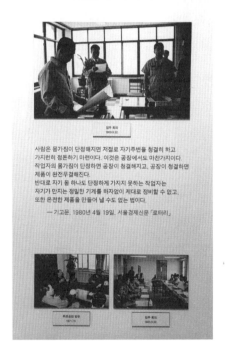

업무 회의
1969.9.22.

사람은 몸가짐이 단정해지면 저절로 자기주변을 청결히 하고
가지런히 정돈하기 마련이다. 이것은 공장에서도 마찬가지이다.
작업자의 몸가짐이 단정하면 공장이 청결해지고, 공장이 청결하면
제품이 완전무결해진다.
반대로 자기 몸 하나도 단정하게 가지지 못하는 작업자는
자기가 만지는 정밀한 기계를 하자없이 제대로 정비할 수 없고,
또한 온전한 제품을 만들어 낼 수도 없는 법이다.

— 기고문, 1980년 4월 19일, 서울경제신문「로터리」

후관공장 방류
1971.7.3.

업무 회의
1969.9.22.

'깨끗하게'와 단짝을 이루는 소울메이트는 바로 '밝게'인
데요. 대개 깨끗한 곳은 밝습니다. 특히 위험하고 정밀한
작업을 하는 곳일수록 밝은 곳이 많지요.

영화에서도 뭔가 끔찍한 일이 일어나거나 사이코패스가 나타날 때 보면 거의 어둠 속에서 등장하는 경우가 많습니다. 즉, '어두운 곳=위험한 곳'이라는 공식 아닌 공식이 있는 것이죠.

실제로 안전사고가 일어나는 곳을 보면 인적이 드물고 어두운 곳이 많습니다. 어두운 곳이 위험한 이유는 위험 요소를 잘 볼 수 없다는 점이 크게 작용합니다.

밝아서 명확히 인지하면 거리를 두거나 안전 조치를 하고 작업을 할 수 있는데 어두워서 보지 못하기 때문에 위험이 방치되는 것이죠. 조명 밝기 조절이 괜히 있는 게 아닙니다. 매우 위험한 현장일수록, 고난도 작업일수록 더욱 밝아야 위험 요소를 정확히 파악할 수 있지요.

절대 안전의 첫 번째 원칙을 멋지게 마무리해 줄 구원투수는 바로 '알 수 있게'입니다. 아, 이 친구 정말 우리 부산말로 억수로 중요한 원칙입니다. 한번 살펴볼까요?

여기 라벨이 붙어 있지 않은 생수병 3개가 있습니다. 누군가가 일하다가 목이 말라 그중 하나를 따서 마신 후 사망했습니다. 왜 그랬을까요?

그 옛날 늬우스를 보면 건설 현장에서 생수병에 담긴 방

동제(겨울철 건설 현장에서 콘크리트가 얼지 않도록 해 주는 무색·무취·무미의 투명한 액체)를 물인 줄 알고 마시고 사망하는 사고들이 종종 일어나곤 했지요.

또 다른 예로, 현장의 누군가가 일하다가 미끄러운 물질을 쏟았는데 방치하고 다른 사람들에게 알려 주지 않고 혼자만 알고 있다면? 이걸 모르는 사람은 걷거나 뛰다가 미끄러져 다칠 수밖에 없을 겁니다.

좀 더 심한 경우로, 건설 현장에 가 보면 바닥이 뻥 뚫려 있는 부분을 캐구멍이 아닌 개구부(開口部)라고 부르는데요. 이곳으로 각종 자재도 운반하고 사다리를 놓고 위·아래층으로 출입도 하고 그러는 곳입니다.

그런데 예산도 빠듯하고 또 일당이 비싸다 보니 적은 인원으로 급하게 기한에 맞춰 일하다 보면 원칙적으로는 튼튼한 철제 뚜껑을 제대로 덮고, 그 주위에 '떨어짐 주의' 같은 표지판이 붙어 있는 울타리도 쳐서 위험을 알려 줘야 하는데, 그냥 개구부 위에 마대자루 같은 걸로 대충 덮어만 놓는 경우가 종종 있습니다.

그런데 이렇게 임시로 조치해 놓은 개구부를 나만 알고 있고 다른 동료 작업자들에게 알려 주지 않는다면? 모르는 누군가는 개구부 아래로 떨어지는 끔찍한 떨어짐 사고가 발생하고 마는 것이죠. 그렇게 또 저녁에 집으로 돌아오지 못하는 1천 명 중의 한 명이 탄생하고 맙니다.

그래서, 위험은 나만 알고 있으면 안 됩니다. 모르는 누군가가 반드시 다칠 수 있습니다. 이런 사고가 자주 일어나는 현장 가운데 하나가 바로 기계식 주차장입니다.

수리하거나 고객이 요청한 물건을 꺼내러 들어가면서 바깥쪽 조작 패널에 '수리 중'이나 '점검 중'처럼 꼬리표를 붙여 알려 주지 않으면 주차장 안에 들어가 있는 사이에 모르는 누군가가 입출고 버튼을 꾹 눌러 버릴 수 있는 거죠.

'알 수 있게'는 제가 현장에서 안전 교육할 때마다 특별히 강조하는, 안전에 있어서 그야말로 정말 중요한 원칙입니다.

조기 안전 교육의 놀라운 결과를 직접 찍은 사진 한 장으로 증명합니다. 정말 놀랍죠?

〈끼임 주의 포스트잇 - by 초1 아들〉

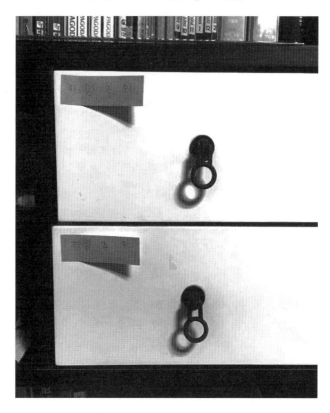

　　말이 나온 김에 2인 1조에 대해서도 조금 말씀드려야겠네요. 혹시 왜 맨날 뉴스에서 전문가들이 '2인 1조'를 강조하는지 아시나요?

사다리 작업할 때 아래쪽에서 잡아 주고 또 위쪽 작업자가 보지 못하는 곳도 봐 줄 수 있다는 장점은 기본이죠. 그런데 정말 중요한 이유는요. 긴급 상황 발생 시 다른 한 명이 조치를 해 줄 수 있다는 겁니다.

기계 오작동 시 비상정지 버튼을 눌러 줄 수도 있고, 사고 발생 시 빠른 신고나 응급조치(인공호흡, 제세동기 사용)도 해 줄 수도 있고, 화재 발견 시 초기 소화기 사용 등 다양한 상황에 대처할 수 있기 때문입니다.

특히, 특성화고 실습생, 산업기능요원 등 신규 입사자들의 경우 안전한 작업 방법을 모르는 상태에서 혼자 이러한 위험과 맞닥뜨리지 않도록 선배 직원들과 멘토분들의 동행과 따뜻한 관심이 필요한 이유이기도 합니다.

독자분들 중에서도 우리나라 흥행 액션영화 시리즈인 〈범죄도시〉 보신 분들 많으시죠? 마동석 배우님의 속 시원한 액션이 참 재밌는 천만 영화 시리즈인데요. 그중에서도 〈범죄도시〉 1편 마지막 장면을 한 번 떠올려 보시죠.

인천국제공항 화장실에서 자기를 잡으려고 기다리던 마석도 형사와 마주친 하얼빈 출신 빌런 장첸의 대사 기억나시나요? 바로 "혼자야?"였습니다.

장첸과 위험의 공통점이 바로 '혼자(싱글)'를 좋아한다는 겁니다. 위험의 입장에서 혼자인 작업자를 보자면, 다치게 하기도 쉽고 영원히 집으로 돌아가지 못하게 할 수도 있으니까요.

놀랍게도 태안화력 발전소의 김용균 씨도, 구의역 김 군도, 평택항 이선호 군도, 여수의 홍정운 군도 모두 혼자였습니다.

꼭 기억하세요. 위험은 혼자를 좋아한다는 것을. 그래서인지 옛 어른들께서 아이들에게 늘 "(위험한) 밤길 혼자 다니지 말라."고 하신 게 아닐지 싶습니다. 역시 예나 지금이나 어른 말씀을 잘 들어야 하겠습니다.

아울러 2인 1조로 작업할 상황이 안 되어서 혼자 작업할 때 반드시 명심할 것이 하나 있는데요. 그것은 바로 꼭 한 명 이상에게 '알려 줘야 한다.'라는 겁니다.

언제부터 언제까지 내가 어디서 혼자 어떤 일을 하는지를 최소한 한 명 이상은 알고 있어야 합니다. 그래야 최소한의 안전장치가 됩니다. 명심하세요. 알려 주지 않으면 누군가는 반드시 다친다는 것을.

그러면 모두 함께 첫 번째 원칙 다시 한번 크게 외쳐 보면서 다음 원칙으로 넘어가시지요. "깨끗하게, 밝게, 알 수 있게!"

❷ 움직일 때 움직이지 마라!

실질적 안전 문화 확산에 있어 또 하나 강력하게 강조하고 싶은 것은 절대 안전의 원칙 가운데 두 번째를 차지하는 이 "움직일 때 움직이지 마라!"입니다.

지난 2021년 전 세계를 강타한 넷플릭스 드라마 오징어 게임에서 첫 번째 게임으로 등장하는 '무궁화꽃이 피었습니다' 놀이는 극단적인 예가 될 수 있을 듯한데요. 술래로 나오는 무시무시한 초대형 영희 로봇이 뒤돌아서서 "무궁화꽃이 피었습니다."를 말하며 멈춰 있는 순간에는 움직여도 되지만, "~피었습니다."가 끝나고 뒤돌아보는 순간에 움직이면 가차 없이 죽게 되는 정말 어마무시한 게임이었죠.

이 장면이야말로 움직일 때 움직이는 게 얼마나 위험한지를 극단적으로 보여 주는 비유가 아닐지 싶습니다.

도대체 "움직일 때 움직이지 마라가 뭔 소리야?"라고 하시는 분들께 이해하기 쉽게 말씀드리면 기계와 사람 중 한쪽이 움직일 때 둘 중에 한쪽은 동시에 움직이지 말고 멈추라는 겁니다.

JTBC의 인기 프로그램인 〈한문철의 블랙박스 리뷰(한블리)〉를 많이들 보실 텐데요. 한쪽 자동차가 지나갈 때 반대 차선의 자동차는 신호를 지키며 멈춰 있어야 안전합니다.

다시 신호등이 바뀌면 이번엔 멈췄던 차들이 지나가고 아까 달리던 차들은 멈춰 있어야 안전하다는 것이죠. 이렇게 하면 서로 안전하고 아무도 다치지 않습니다. 신호를 어기고 다른 차가 '움직일 때' 자기도 '움직이면' 바로 그 순간에 사고가 발생하는 것이죠.

현장에서도 마찬가지입니다. 사람이 정비, 청소, 급유, 교체, 수리 같은 작업을 하기 위해 '움직일 때' 기계는 '움직이지 마라.'는 겁니다. 반대로 기계가 일하려고 '움직일 때' 이번에는 사람이 '움직이지 마라.'를 지켜야 하는 것이죠.

이걸 어기고 기계가 움직이고 있는 상태에서 사람이 뭔가를 하려고 동시에 움직일 때 사고가 나는 겁니다. 특히

반죽기나 혼합기, 컨베이어 벨트, 드릴 같이 뭔가 뱅글뱅글 회전하는 물체를 다루는 분들은 이 원칙만큼은 반드시 지켜 주시기를 당부드립니다.

또한 많은 산업 현장에서 보유하고 있는 지게차 운행 시에도 마찬가지입니다. 지게차는 편리하지만, 위험 요소를 참 많이 갖고 있습니다. 운전자의 시야 확보도 힘들고 앞에는 강력한 포크도 달린 강철 덩어리라 사람은 조금만 스쳐도 크게 다칠 수 있습니다.

특히 현장에서 모퉁이를 돌아가는 곳이 있을 땐 잠시 멈추거나 서행하면서 보행자나 작업자가 있는지 한 번은 살펴보시고 운행하셔야 안전하겠지요. 아, 지게차를 잠시라도 멈춰 놓을 땐 반드시 키를 돌려서 빼 놓는 건 기본입니다.

위험한 곳 가운데서도 가장 많은 동시다발적 움직임이 존재하는 대표적인 현장은 아마 조선소와 건설 현장일 것입니다.

아마 대부분의 독자는 살면서 이 두 곳을 들러 볼 가능성조차 매우 낮을 겁니다. 그나마 사람들끼리만 움직이는 곳은 사고가 발생해도 조금 덜 다치겠지만, 기계와 사람이 동시에 움직이는 이런 현장은 정말 너무나도 위험하답니다.

머리 위에는 계속해서 커다란 컨테이너를 옮기는 크레인이 왔다 갔다 하고 있고, 지상에는 지게차와 트럭들이 오가는 가운데, 위아래로 복합적인 위험 발생 가능성이 가득한 이 현장의 한가운데에서 그야말로 현장 노동자들은 위험에 고스란히 노출된 채로 일할 수밖에 없습니다.

이런 곳에서 안전을 확보하기 위해서는 바로 앞에서 알려 드린 첫 번째 원칙인 "깨끗하게, 밝게, 알 수 있게!"와 더불어 두 번째 원칙인 "움직일 때 움직이지 마라!"를 동시에 꼭 지켜 주셔야 합니다.

이 두 번째 원칙에서 매우 중요한 VIP 역할을 해주셔야 하는 분이 바로 현장의 교통정리 요원인 '신호수'입니다. 복잡하고 움직임이 많은 현장일수록 출중한 능력을 갖춘 제대로 된 신호수의 역할이 중요합니다. 마치 공항 활주로의 관제탑과 같은 역할을 하시는 거니까요.

저희 아파트 앞에도 아침마다 바로 옆 공사장 소속의 멋진 신호수 한 분이 계시는데 정말 AI급 판단력으로 너무나 안전하게 교통 통제를 해 주시고 계신답니다. 학교와 공사장, 아파트가 공존하는 이 고난도 위험의 현장에서 직장인과 학생들, 그리고 시민들 모두가 이 고마운 신호수 선생님 덕분에 안전하게 출퇴근&등하교하고 있답니다. 언제 박카스라도 한 병 꼭 사 드려야겠습니다!

〈멋진 신호수 선생님〉

또 하나, 움직일 때 움직이지 않기 위해서는 바로 앞에서 말씀드린 첫 번째 원칙의 마지막 요소인 '알 수 있게'가

무척 중요합니다.

포스터, 스티커, 꼬리표, 무전기, 스피커 등 동원할 수 있는 모든 요소를 총동원해서 작업자들에게 제때 위험 요소를 '알 수 있게' 해 주셔야 작업장에서 일하는 모두가 안전할 수 있습니다.

정말 다행히도, 우리는 모두 이 두 번째 원칙에 대해 유치원에서 이미 잘 배웠습니다. 잠시 기억 속의 유치원으로 한 번 시간 여행을 떠나 볼까요?

저기 유치원 선생님께서 건널목을 건널 때 우리에게 다음 3단계를 지키라고 말씀해 주시고 계시네요. 뭐, 달리 대단하게 아니라 바로 멈춘다(Stop), 살핀다(Look), 건넌다(Walk)입니다. 정말 신기하게도 앞 글자만 따서 붙여보면 SLOW(천천히)가 되죠?

사실 이 세 가지 가운데 하나만 제대로 지켜도 최소한 큰 사고는 면할 수 있습니다. 문제는 **안** 멈추고, **안** 살피고, **막** 건너기 때문이죠.

<〈어린이 교통안전 체험전 SLOW 캠페인〉

‘멈춘다’라는 단어가 나오니 문득 혜민 스님의 베스트셀러 『멈추면, 비로소 보이는 것들』이란 책이 떠오르네요.

무심코 지나쳤던 각종 표지판과 표어, 그리고 스티커들…. 오늘은 출근하시면 일하시는 곳 어딘가에서 건 잠시 멈춰 보세요. 그러면 위험한 기계들과 화학제품들, 그리고 모퉁이나 바닥 여기저기에 붙어 있을 안전 문구들이 거짓말처럼 선명하게 잘 보일 겁니다.

네? 안 보이신다고요? 아니, 심지어 없다고요? 그러면 거기 사장님이 크게 잘못하셨네요. 산업안전보건법에 관한 규칙에도 명시되어 있으니 얼른 붙여 놓으셔야죠. 당장 안 붙이시면 스리랑카에서 온 이주노동자인 제 오랜 동료 블랑카가 "뭡니까, 이게~. 사장님 나빠요."라며 뭐라고 할 겁니다.

자, 그럼 한 번 더 확인해 볼까요? 두 번째 절대 안전의 원칙이 뭐라고요? 네. "움직일 때 움직이지 마라!" 맞습니다.

크게 한 번 더 외쳐 보시고 마지막 절대 안전의 원칙 만나러 가시죠. "움직일 때 움직이지 마라!"

❸ 눈과 귀를 뺏기지 마라!

벌써 몇 년이 지났지만 언제 다시 봐도 정말 너무나도 재밌는 걸작 한국 영화 한 편이 있습니다. 절대 안전의 마지막 원칙을 얘기해 드릴 때면 항상 떠오르는 영화인데요. 바로 동명의 만화를 원작으로 2006년에 개봉한 최동훈 감독의 영화 〈타짜〉입니다.

잠시라도 눈과 귀를 뺏기면 안 되는 곳 가운데 하나가 바로 이 도박판일 텐데요. 영화에서는 돈만 뺏긴 게 아니라 귀도 뺏기고(짝귀), 손목도 뺏기고(고광렬), 심지어 목숨도 뺏기고(평경장) 그랬습니다.

하지만 도박판을 넘어 전 세계인들의 눈과 귀를 모조리 뺏어간 엄청난 녀석이 등장했으니 바로 '스마트폰'이 그 주인공입니다. 이제 스마트폰은 우리의 일상생활을 완전히 지배하고 있지요.

특히나 MZ 세대에게 이 스마트폰은 중독을 넘어 거의 또 하나의 나와 같은 거의 '분신급' 지위를 갖고 있습니다. 그렇습니다. 언젠가부터 우리는 그렇게 스마트폰의 노예가 되고 만 것이지요.

문제는 스마트폰을 보면서 걸어 다니는 사람들이 너무나 많아졌다는 점인데, 이런 사람들을 우리는 전문 용어로 스몸비(Smombi, 스마트폰+좀비)라고 부릅니다. 아마 독자분들 중에도 일시적으로, 또는 하루 종일 '스몸비' 모드로 다니시는 분들이 꽤 많으실 것이에요.

또 다른 영화인 봉준호 감독의 2006년 작 〈괴물〉에서는 영화 초반 한강에 나타난 괴물 때문에 많은 사람이 혼비백산하며 도망치는 장면이 있는데요.

이 난리 통에 헤드폰을 쓰고 한강변 돗자리 위에서 음악을 듣다가 뭔가 싶어 뒤돌아보는 여성 출연자 한 분이 돌진하던 괴물에 부딪히며 쓰러지는 장면도 있었습니다. 그야말로 '귀'를 뺏긴 사례로 볼 수 있지요.

스몸비는 각종 사고를 유발하기도 하고 자신도 큰 위험 상황에 놓이기도 합니다. 이러다 보니 미국 하와이 호놀룰루시에서는 이런 스몸비 사고를 예방하기 위해 2017년 10

월 25일부터 '산만한 보행 금지법'이라는 법안을 시행했답니다.

보행 시 스마트폰이나 게임기, 태블릿 등을 보다가 처음 적발되면 35달러의 벌금을 물고, 두 번째에는 75달러, 3회차에는 99달러까지 벌금을 물게 된다고 합니다.

주목할 만한 점은 이 법 시행으로 연간 무려 900만 명의 하와이 여행객이 불편을 겪게 됨을 알고 있음에도 불구하고 이 법을 시행했다는 점이죠.

바로 이런 게 선진국으로 가는 과정입니다. 저는 이런 '불편한데도 함께하는 참여'가 선진국 수준의 안전 문화로의 도약을 위한 국가적 발전에 가장 중요한 요소라고 생각합니다.

우리에겐 전통적으로 변함없이 미운 라이벌, 바로 옆 나라 일본이 적어도 안전 분야에 있어서는 여전히 글로벌 강대국이거든요. 앞으로는 축구나 야구만 이기려고 하지 말고 안전으로도 한 번 이겨 봤으면 좋겠습니다. 이제는 정말 우리나라도 그럴 만한 역량과 수준이 충분히 된다고 믿기 때문입니다.

잠시 옆길로 빠졌는데, 이 세 번째 원칙인 "눈과 귀를 뺐

기지 마라!"는 정말 어마무시하게 중요한 절대 원칙인데요. 개인적으로는 3대 원칙 전체를 통틀어 그 중요도가 전체의 60~70%를 차지한다고 봅니다.

눈과 귀만 안 뺏겨도 소중한 생명을 구할 수 있는 경우가 너무나 많거든요. 이와 관련해서 제가 앞서 알려 드린 첫 번째 절대원칙 중 '알 수 있게'에 이어 보너스로 꿀팁 하나 알려 드릴게요.

눈을 뺏기지 않는 것과 연동되는 건데, 지금 이 순간 이후로 앞으로 살아가는 동안 내 머리 위쪽으로 뭔가가 쌓여 있거나 매달려 있는 곳, 더 간단히 말씀드리면 아무튼 내 머리 위쪽에 뭔가 있는 곳을 지나갈 때는 지금처럼 스마트폰에 눈을 뺏기지 말고 위쪽을 살짝살짝 살펴보며 지나가시라는 겁니다.

예를 들어, 집 밖에 나가 보시면 여기저기 공사 현장이 많은데요. 보행자 쪽으로는 녹색이나 파란색 안전망이 다음 사진과 같이 설치되어 있습니다.

〈어느 현장 외부 전경〉

일반 시민의 관점에서는 "아, 그물망이 있으니 뭔가 안
전 조치가 되어 있겠구나."라고 생각하시기 쉽겠지만 실상
그물 안쪽의 상황은 다음 사진과 같습니다.

〈어느 현장 내부 실상〉

어떻습니까? 밖에서 보기에는 괜찮아 보일지 모르지만, 내부에 있는 각종 자재와 수공구들이 자칫하면 떨어질 수 있겠죠?

사진 속 현장은 그래도 안전 조치가 상당히 잘되어 있는 편입니다. 더 영세하고 작은 현장들을 지나실 때를 가정해 보면 작업자분들이 난간 위에 얹어 둔 생수통이나 벽돌 등도 있고, 또 현장 작업자분들이 장갑 낀 손으로 전화라도 받다가 자칫 떨어뜨릴 수도 있는 겁니다.

내 손에 쥐고 있을 때는 세상 편리한 전화기지만 저 위에서부터 누군가의 머리 위로 떨어질 때는? 그렇죠. 너무나도 위험한 둔기가 될 수 있는 겁니다. 실제로 아침저녁 뉴스에 도로 위나 현장에서 갑작스레 넘어지는 공포의 타워크레인 사고가 끊임없이, 잊을 만하면 보도되곤 합니다.

바로 얼마 전인 2024년 5월 28일, 서울 강남구 역삼동의 한 신축 건물 공사장에서 쇠파이프가 떨어져 점심시간대 지나가던 직장인이 맞는 사고가 발생했습니다.

우리나라뿐만이 아니라 2023년 8월에는 대만에서도 30kg짜리 에어컨이 설치 기사의 작업 부주의로 버스를 기다리던 여대생 머리 위로 떨어져 사망사고가 발생했는데, 사망자 바로 옆에 있었던 다른 여성은 제가 앞서 말씀드린 꿀팁대로 사고 직전에 위쪽을 한 번 쳐다본 덕분에 불의의 사고를 면할 수 있었답니다.

제가 머리 위쪽을 왜 이렇게 강조하냐면 사고가 발생하기 전엔 언제나 찰나의 조짐이 있기 때문입니다. 금이 가거나, 가루가 떨어지거나, 연기가 나거나, 소리 등이 난다는 거지요. 바로 그 찰나의 순간에 눈과 귀를 뺏기지 않고 알아채면 살 수 있는 거고요. 안타깝게도 그 순간을 놓쳐 버리면 영원히 집으로 돌아가지 못하는 전 세계적으로 매일 발생하는 천여 명의 사망자 가운데 한 명이 되고 마는 겁니다.

자, 이렇게 여러분의 평생 안전을 위한 세 가지 절대 원칙을 말씀드렸는데요. 현장에서 제가 직접 강의할 때는 참석한 분들을 대상으로 절대 안전의 3대 원칙 랜덤(무작위) 테스트를 해서 모든 분이 합격하셔야 교육을 마친답니다.

아쉽게도 책으로는 테스트를 해 볼 수 없으니 다시 한번 다 같이 복습해 보실까요?

〈절대 안전의 3대 원칙〉

첫 번째 원칙 ☞ 깨끗하게, 밝게, 알 수 있게!

두 번째 원칙 ☞ 움직일 때 움직이지 마라!

세 번째 원칙 ☞ 눈과 귀를 뺏기지 마라!

자, 이주노동자분들을 위해 영어로도 한번 해 볼게요.

〈Basic Three rules for Safety〉

Rule #1. ☞ Be clean, bright, and recognizable!

Rule #2. ☞ When something is in motion, don't move!

Rule #3. ☞ Don't let your eyes and ears get distracted!

대한민국 모든 분께 널리 널리 전파되기를 바라며….

5장

안전의 온도[*]

다시, 36.5℃…

제목이 제가 너무 좋아하는 이기주 작가님의 히트작과 너무 유사해서 죄송합니다. 하지만 언어의 온도도 중요하지만, 사람 목숨이 달린 문제인 '안전'의 온도는 언어의 온도보다도 더욱 따뜻해야겠기에 부끄러움을 무릅쓰고 차용할 수밖에 없었습니다. 혹시 추후 직접 만날 기회가 있다면 꼭 양해 말씀드리겠습니다. T.T

오늘날 우리 사회의 솔직한 사람 목숨값을 온도로 환산해 본다면 과연 얼마나 될까요? 정말 안타깝지만 채 0℃조차 안 될 것 같습니다.

이제부터라도 최소한 한 명의 사망사고에 대한 사회의 인식이 딱 우리네 체온인 +36.5℃만 되어도 우리 사회의 사망 사고를 대하는 태도는 확연히 바뀔 것이라 확신합니다.

모든 국민이 열심히 노동하시는 동안, 노동 정책과 관련된 정부와 재계의 높은 분들께서는 꽁꽁 얼어붙어 있는 우리네 안전의 온도계가 후끈 달아오르지는 않더라도, 적어도 우리 체온만큼까지는 따스하게 끌어올릴 수 있도록, 죽을 각오로 죽지 않을 만큼의 결연한 각오로 지금부터라도 진심으로 함께 노력해 나갔으면 좋겠습니다.

저부터 안전교육 현장에서 더욱 노력하겠습니다. 우리

함께 따뜻한 사람의 온기가 느껴지는 그런 일터를 만들어 보시지 않겠습니까?

이제는 정말, 제발, 간절히, 꼭 그랬으면 좋겠습니다. 아니, 꼭 그래야만 합니다. 사람이 일하다가 죽는 것이 당연하지 않은 곳, 그곳이 바로 고 김용균 씨가, 구의역 김 군이, 소희 양이 꿈꾸던 안전하게 일하고 가족이 있는 집으로 온전히 돌아갈 수 있는 그런 일터일 것입니다.

제가 감명 깊게 읽은 책 가운데 기록노동자 희정 작가님의 『노동자, 쓰러지다』의 57페이지를 보면 우리나라 전문가 한 분께서 스웨덴 사람에게 "일하다가 사람이 죽으면 어떻게 하나요?"라고 물었더니 돌아온 대답이 "일하다가 사람이 왜 죽나요?"라며 엄청나게 놀라더라는 구절이 있습니다.

그렇습니다. 일하다가 사람이 죽는 건 어쩔 수 없는 일이 아니라 좀처럼 일어나지 않는, 아니 일어나서는 안 되는 일이 되어야 합니다. 그것이 상식이고 일상이며 대한민국의 수준이어야 합니다.

마지막으로 제가 좋아하는 BTS의 〈다이너마이트〉의 하이라이트 가사를 조금 바꿔서 즐겁게 흥얼거리며 마무리

할게요. 절대 안전의 3대 원칙이 귀에 쏙쏙 박히게 함께 따라 부르셔도 좋습니다.

[원곡 가사]

Shining through the city with a little funk and soul~♪

(약간의 펑크와 소울 비트로 이 도시를 뚫고 빛날 거야~♪)

[변형 가사]

Be safe through your day using basic three rules~♬

(기본적인 세 가지 규칙을 지키며 하루를 안전하게 보내세요~♬)

※ 혹시나 오프라인으로 만나게 된다면 직접 불러드릴 것을 약속드립니다.

에필로그

"가족과 함께하는 행복한 저녁"

제목을 확정하고 목차를 정리한 뒤, 본격적으로 책 내용을 채워 나가기 시작했던 2023년 4월 말쯤 일요일 아침에 집 근처 스타벅스에서 늘 존경하는 국제노동기구(ILO) 이상헌 국장님의 신간 『같이 가면 길이 된다』의 1부 맨 앞의 「이모 집의 냄새(p. 29~32)」를 읽으며 살짝 눈물이 났었습니다.

국장님의 어릴 적 부산에서 어업에 종사하시던 이모부께서 산업재해로 돌아가신 내용이었는데, 40년 넘게 부산에서 작은 인쇄소 사장님으로 살아오신 저희 아버지께서는 다행히 산업재해를 한 번도 안 당하셨거든요.

제가 매번 안전보건교육 강의 초반에 언급하는 '안전이란 눈 깜짝할 사이에 일어나는 삶과 죽음의 문제'라는 그 말이 오버랩되며 고인에 대한 안타까움과 다치지 않고 온전히 살아오신 아버지에 대한 감사와 연민이 교차하며 숱하게 사라져 간 산재사고 사망자들에 대한 묵념 같은 시간이 찰나의 순간에 지나갔더랍니다.

하지만 너무나 안타깝게도 지금, 이 순간을 포함한 오늘 하루도 약 1천 명의 사망자가 발생하고 있는 것이 우리 지구촌의 모습입니다.

지난 2016년 5월, 서울 지하철 2호선 구의역 김 군 사고를 보도한 KBS TV 뉴스 보도 하단에 이런 자막이 나왔었습니다.

"한 명이 안전하지 않다면 누구도 안전하지 않다." 이 말을 바꾸어 생각해 보면, "한 명 한 명이 안전해야만 모두가 안전하다."라는 말이 됩니다.

방금 되뇌어 본 뉴스 자막처럼, 한 사람 한 사람의 안전이 국가 안전의 첫걸음입니다. 이를 위해 말로만 공허하게 외치지 말고, 정말로 실천하는 안전 문화가 실현되어야 할 시기입니다. 이제는 안전한 대한민국을 정말로 실현할 수 있을 만큼의 성숙한 시민의식과 저력이 있으니까요.

대한민국 모든 어린이와 어른이, 사업주와 노동자 모두가 안전할 수 있도록 우리 모두 다 함께 절대 안전의 3대 원칙을 습관으로 만들어 가 보시지 않겠습니까? 그 길의 끝에 멋진 우리나라, 안전한 대한민국이 우리를 애타게 기다리고 있습니다.

내가 없어도 내 자식이 안전한 환경 속에 스스로 살아갈 수 있도록 지금 바로, 우리 세대부터 실천해 나갑시다!

아픈 안전통(痛)이 아니라, 안전을 향한 간절한 마음이 통(通)하고 안전을 담는 그릇이 큼지막한 안전통(桶)을 지닌 우리나라가 되기를 진심으로 바라봅니다.

대한민국이 세계 최고의 안전통이 되는 날을 꿈꾸며, 오늘도 모두 함께 절대 안전의 3대 원칙(BTS)을 지키는 하루 보내시기를 바랍니다!

P.S.

이 책 속에 나오는 열 장의 그림들은 제 딸내미가 어린이집을 다닐 때부터 초등학교 3학년까지 퇴근하는 저를 기다리며 직접 그린 그림들입니다. 어떤 그림은 읽었던 책 속에 나오는 그림을 따라 그린 것도 있고, 또 어떤 그림은 혼자서 그렸지요.

특히 해바라기 그림은 "아빠 생각하면서 그렸어. 아빠는 맨날 방긋 웃는 해바라기 같아서."라더군요.

제가 책 속에 사진을 넣은 이유는 프롤로그부터 말씀드린 '가족과 함께하는 행복한 저녁'의 소중함을, 그 소중함을 결코 잊지 말자는 생각이 들어서였습니다.

나와 가족을 위해, 이제는 대한민국이 '안전할 시간'입니다. 부디 이 책이 그 씨앗이 되기를 간절히 바랍니다.

참고한 책들

★ 이상헌(2023), 『같이 가면 길이 된다』, 생각의힘.

김수현(2020), 『애쓰지 않고 편안하게』, 다산북스.

★ 김누리(2020), 『우리의 불행은 당연하지 않습니다』, 해냄.

이기주(2016), 『언어의 온도』, 말글터.

★ 희정(2014), 『노동자, 쓰러지다』, 오월의봄.

알랭 드 보통(2014), 『뉴스의 시대』, 문학동네.

장하준(2002), 『사다리 걷어차기』, 부키(주).

★ 울리히 벡(1986), 『위험사회』, 새물결.

〈주〉 별사탕(★)이 달리지 않은 책들도 모두 너무나도 감사하고 소중한 참고서적들입니다. 그저 아주 조금 더 영향을 받은 책들을 표시하고자 작은 별사탕 마크를 단 것이오니 오해하지 않으시길 바라며, 비자발적으로 참고를 당해 주신(?) 모든 저자님께 깊은 감사와 경의를 표합니다.

작고하신 『위험사회』의 저자, 거장 울리히 벡 선생님 외 모든 제 참고서적들의 저자님들과 함께 제 일방적(?) 멘토이신 ILO 이상헌 국장님의 책 제목(『함께 가면 길이 된다』)처럼 같이 걸어가 마침내 그럴싸한 작은 '길'을 만들어 내는 안전을 향한 길동무(?)가 되어 주시리라 믿습니다.

모두, 더없이 감사합니다. 이 책으로 말미암아 단 한 명이라도 위험한 사고를 면하신다면 저에겐 더없이 큰 기쁨이, 그리고 여러분과 가족분들에게는 더없이 큰 행복이 될 겁니다.

나와 가족을 위해 우리 모두 오늘 하루도 최선을 다해 기필코 안전합시다. 모쪼록 오늘도 어디 한 군데 다치지 않고 '가족과 함께하는 행복을 저녁'을 맞이하러 집으로 온전히 가시는 날이 되기를 진심으로 소망합니다.

감사의 말

두서없는 글의 마지막 순간, 책의 시작에서부터 마지막 줄에 이르러서까지 끝끝내 떠오르는, 눈물겹게 미안한 사람이 한 명 있습니다.

당신 덕분에 이 책을 쓸 수 있었고, 또 마무리할 수 있었습니다.

"용균 씨, 거기서는 영원히 안전하고 행복하세요. 지켜주지 못해 미안합니다…."

Thanks to…
대한민국 모든 노동자(feat. 이주노동자)

Special thanks to…

이상헌 국장님 & BTS

Extremely special thanks to…

고(故) 김용균 님 & 김미숙 이사장님

Written by Young Lee a.k.a Willprince

Calligraped(痛, 通, 桶) by Vitor Lee

Illustrated by Jamie Lee

Photographed by Kevin Lee

Monitored by Olivia Park & James Jung

Supported by Han Kim & Helen Choi

Encouraged by Scarlett Lee & Elly

Complimented by Victoria Do

English proofread by Clarence "CJ" Hodges

자, 이제 다들 외우셨죠?

현장 강의에서 한 명씩 끝까지 테스트하는

집요한 이 저자와 함께

마지막으로 다 같이 한 번만 더 외쳐 볼까요?

I say 깨끗하게, You say 밝게, 알 수 있게!

I say 움직일 때, You say 움직이지 마라!

I say 뺏기지 마라, You say 눈과 귀를!

잘하셨습니다.

이제 좀 외우셨군요. 이제 남은 건 실천뿐입니다.

언제나, 말보단 실천!

내일도 안전히 잘 다녀오십시오.

일하러 갔다가 반드시,

온전히 잘 돌아오셔야 합니다.

절대 잊지 마세요. 안전의 이유!

'가족과 함께하는 행복한 저녁'

감사합니다!

안전통

ⓒ 이영주, 2024

초판 1쇄 발행 2024년 7월 30일

지은이   이영주
펴낸이   이기봉
편집   좋은땅 편집팀
펴낸곳   도서출판 좋은땅
주소   서울특별시 마포구 양화로12길 26 지월드빌딩 (서교동 395-7)
전화   02)374-8616~7
팩스   02)374-8614
이메일   gworldbook@naver.com
홈페이지   www.g-world.co.kr

ISBN   979-11-388-3219-9 (03330)